MARCO LUCCHETTI - LUCA STEFANO CRISTINI

L'ESERCITO ROMANO DA ROMOLO A RE ARTÙ

VOL.2 : DA AUGUSTO A CARACALLA, 30 A.C, 217 D.C.

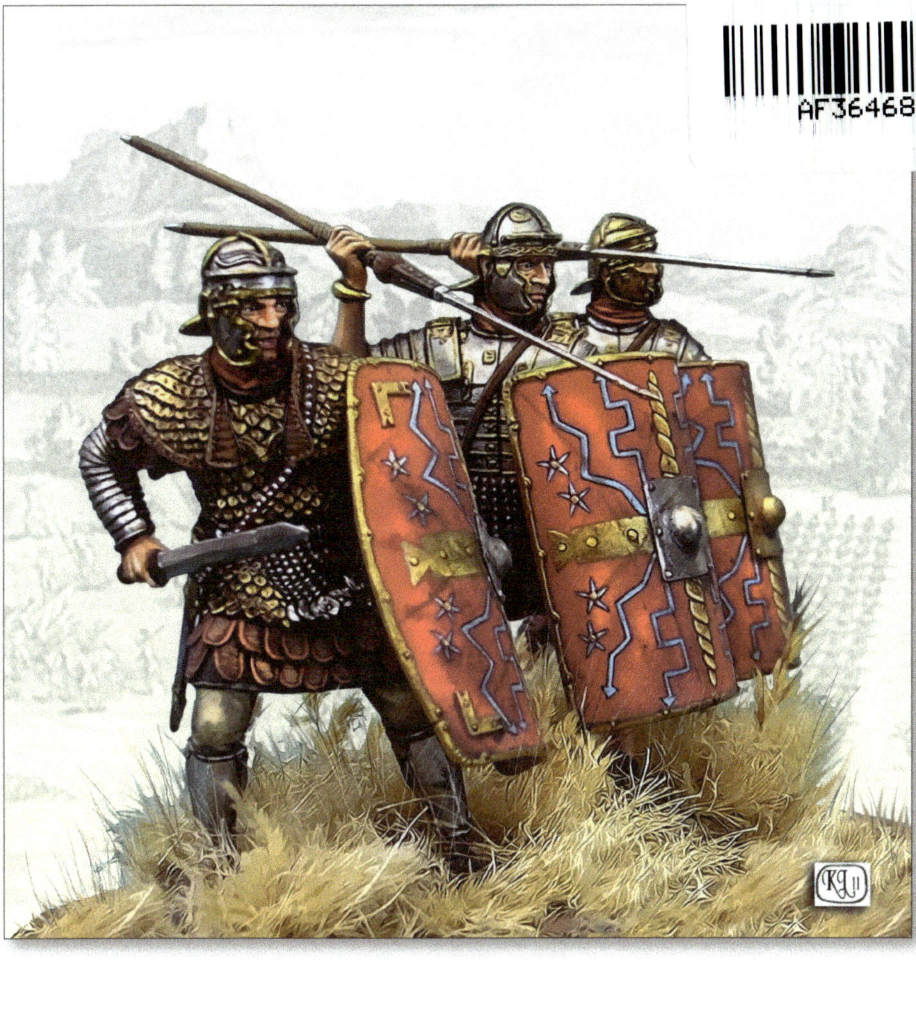

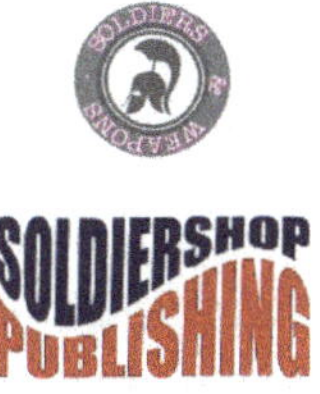

SOLDIERS&WEAPONS 011

SOLDIERSHOP PUBLISHING

AUTORI

Marco Lucchetti nasce a Roma, dove è tornato a vivere di recente. Laureato in Giurisprudenza, è Ufficiale della Riserva e Benemerito dell'Ordine dei Cavalieri di Vittorio Veneto. Da sempre appassionato di storia militare e uniformologia, è anche uno scultore e pittore di figurini storici nonché titolare della Soldiers, ditta produttrice di soldatini da collezione. Consulente storico e uniformologico di numerosi scrittori, attualmente collabora con Focus Wars, una rivista di Focus Storia, e con l'enciclopedia Soldatini d'Italia. Questo è il secondo volume della trilogia dedicata all'esercito romano, realizzato per la Soldiershop.

Luca Stefano Cristini, bergamasco, appassionato da sempre di storia militare. Dirige da diversi anni riviste nazionali specializzate di carattere storico uniformologico. Ha collaborato con l'editore Albertelli e De Agostini. Ha pubblicato un importante lavoro, su due tomi, dedicato alla guerra dei 30 anni (1618-1648). Ha firmato molto titoli delle collane Soldiershop. In questo volume è autore delle immagini a colori.

NOTE EDITORIALI

PUBLISHING'S NOTES

CREDITI FOTOGRAFICI - PHOTOGRAPHIC CREDITS:

Tutte le tavole a colori sono ispirate a figurini prodotti e commercializzati da Soldiers, www.soldiers.it, eccetto le figure F1,2 e 4, M1 e O1, prodotte da Pegaso Models, K2 da Romeo Models e O2 da Art. Girona. Tutti i figurini sono scolpiti da Adriano Laruccia tranne F1,2 e 4, M1, O1 e K2, e dipinti da Marco Lucchetti, eccetto F1, 2 e 4, G2, M1, O1 e K2 dipinti da Massimiliano Colombo, O2 da Giorgio Bassani e E1 da Ugo Pozzati. La figura L è realizzata e dipinta da Marco Lucchetti così come gli scudi della tavola Q. Le fotografie sono tutti scatti dell'autore fatti nei musei che sono indicati in fondo alle didascalie, tranne dove indicato espressamente. Le fotografie del Gruppo di ricostruzione Associazione Culturale Legio I Italica di Villadose (Rovigo) eseguite da Cesare Rusalen e Paolo Ceredano. Gli autori ringraziano anche i responsabili del sito www.roma-victrix.com per la fattiva collaborazione.

All plates are inspired to model figures produced by Soldiers, www.soldiers.it except figures F1,2 and 4, M1and O1, produced by Pegaso Models, K2 by Romeo Models and O2 by Art Girona. All figures are sculpted by Adriano Laruccia, except F1,2 and 4, M1, O1 and K2, and painted by Marco Lucchetti, with the exception of F1, 2 and 4, G2, M1, O1 e K2 painted by Massimiliano Colombo, O2 by Giorgio Bassani and E1 by Ugo Pozzati. Figure L and shields of Table Q. are created and painted by Marco Lucchetti. All the shots are work of author in various museums and associations, with the exception of the shots of Gruppo di ricostruzione Associazione Culturale Legio I Italica di Villadose (Rovigo) by Cesare Rusalen and Paolo Ceredano.

ISBN: 978-88-93274197   2a edizione Febbraio 2019

Title: Soldiers&Weapons 011 - **L'ESERCITO ROMANO DA ROMOLO A RE ARTÙ - VOL. 2 - Da Augusto a Caracalla, 30 a.C, 217 d.C.** di Marco Lucchetti, tavole a colori di Luca Cristini

Editor: Luca Cristini Editore, for the brand: Soldiershop. Cover & Art Design: Luca S. Cristini.

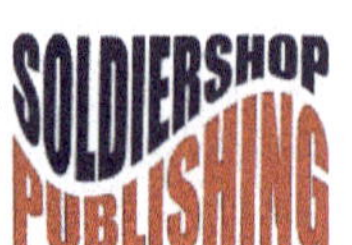

PREFAZIONE

Continua l'avventura tra i ranghi dell'esercito romano che, durante i primi settecento anni della sua storia, ha costruito e collaudato l'efficienza che ne ha fatto la macchina da guerra più micidiale dell'antichità. Il Principato si è sostituito alla Repubblica e il legionario è diventato un soldato professionista agli ordini dell'imperatore. L'aspetto del soldato romano, nei due secoli di cui il libro tratta, è quello che siamo più abituati a vedere, perché l'immaginario collettivo ha sempre rappresentato i legionari romani vestiti come appaiono sui bassorilievi della Colonna Traiana. Eppure, all'epoca, non esisteva una standardizzazione degli equipaggiamenti così come siamo abituati a pensare accada in un esercito organizzato: l'uniforme, intesa come qualcosa che rende uguali i soldati dello stesso schieramento, era un concetto ancora lontano e molto spazio veniva lasciato alla libera scelta del combattente, sia per gli indumenti che per le armi. In sostanza, nell'equipaggiamento militare non vi era uniformità e ogni tipo di unità aveva una propria originalità e l'armamento era una questione prettamente individuale.

Seconda parte di questa piccola enciclopedia, una sorta di Bignami illustrato, in cui trovare le note salienti degli avvenimenti storici, delle battaglie, dei condottieri, delle tattiche militari e dell'evoluzione della legione, l'unità di base dell'esercito romano: è un compendio di eventi e informazioni di carattere militare, ma allo stesso tempo ripercorre tutta la storia di Roma antica. Una storia che è inseparabile da quella del suo esercito, così come le vicende dei suoi più importanti comandanti militari non si possono limitare al racconto delle battaglie, in quanto essi furono tra i principali uomini politici e si distinsero nel campo della legislazione, delle riforme e della letteratura.

Come già ricordato nel primo volume dell'opera, non ho la pretesa di essere esaustivo con le informazioni racchiuse in questo testo, d'altronde, data la vastità dell'argomento e lo spazio limitato a mia disposizione, sarebbe un'impresa quasi impossibile. Per gli approfondimenti vi rimando a opere di fama consolidata, una parte delle quali potete trovare indicate nella bibliografia essenziale da me allegata in calce al libro. La bibliografia, rispetto al primo volume, è stata ampliata con titoli di nuova pubblicazione o che sono capitati tra le mie mani durante le mie continue ricerche bibliografiche.

Marco Lucchetti

Per decisione dell'autore, e allo scopo di individuarli più facilmente, i nomi dei popoli sono scritti con l'iniziale maiuscola

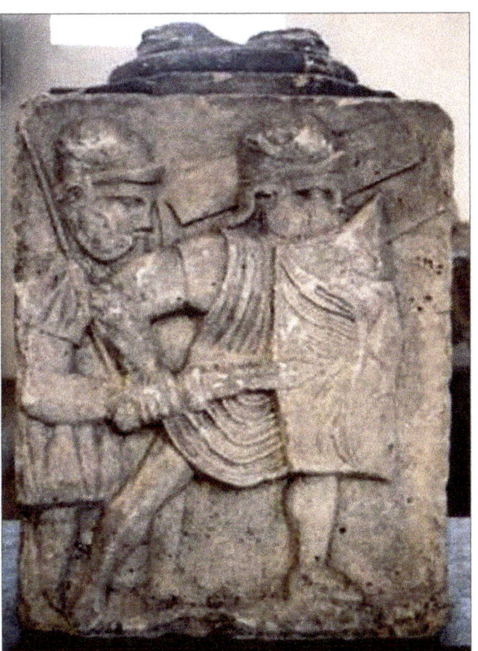

▲ **Bassorilievo con legionari,** da Magonza, I secolo d.C., Landesmuseum Mainz, Germania.

Reliefs of legionaries from Mainz, 1st century AD, Landesmuseum, Mainz, Germany.

INDICE - CONTENTS:

a Laura, mia moglie

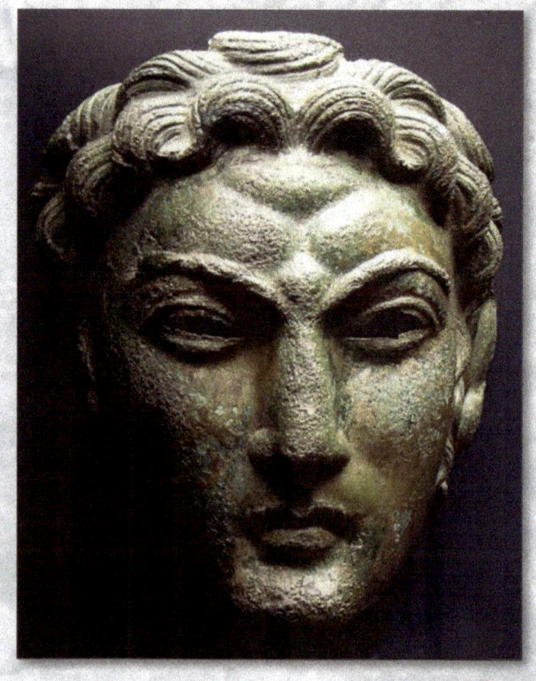

STORIA MILITARE: CRONOLOGIA

All'inizio dell'anno 29 a.C., Ottaviano veniva eletto al suo quinto consolato: saranno in tutto dieci. Dopo la vittoria di Azio e la morte dei suoi rivali Marco Antonio e Cleopatra, il console era divenuto l'unico padrone di Roma.

Nel 27 a.C., con decreto senatoriale, Ottaviano assunse il *cognomen* straordinario di *Augustus*, attribuito per la prima volta a un mortale. Con questo titolo, dalla etimologia religiosa e politica (*augur e auctoritas*), Ottaviano realizzò un nuovo intreccio fra lo Stato e la religione, diventando il rappresentante ufficiale di tutti e due. Si fece chiamare *Caesar Augustus*, figlio del divo Giulio, e inserì il suo nome nel calendario, chiamando *Augustus,* agosto, il mese *Sextilis*. L'appellativo di Augusto fu un escamotage di Ottaviano per potere giustificare il suo potere assoluto senza ricorrere al titolo di re, inviso alla popolazione romana così come era da essa odiata la forma istituzionale della monarchia. L'idea guida della politica di Augusto fu quella di consolidare l'Impero e difenderlo sia dai nemici interni, costituiti dalle popolazioni da poco integrate nel territorio di Roma, ma non ancora completamente assoggettate, che da quelli esterni e cioè i barbari che premevano sui confini. Si trattava di completare la conquista dei territori che si affacciavano sul bacino del Mediterraneo e di spostare i confini a nord verso il Danubio e a est lungo l'Elba.

Dal senato ottenne così il comando supremo, *imperium*, delle forze armate e quello proconsolare su tutte le province. Mise inoltre in atto una riorganizzazione dell'esercito e una sua riduzione, dimezzando il numero delle legioni, circa 60, che erano in servizio al termine delle guerre civili. Dopo la conquista dell'Egitto, avvenuta nel 30 a.C., Augusto si concentrò sul fronte orientale, per cercare di risolvere il decennale problema dei rapporti con i Parti. Furono organizzate una serie di campagne militari tra il 22 e il 13 a.C., alcune condotte da Agrippa, che portarono a stabilire un *modus vivendi* tra i due imperi dopo che nel 20 a.C. era fallita una spedizione di Elio Gallo per sottomettere l'Arabia. Nello stesso anno il re dei Parti restituì ad Augusto le insegne e i prigionieri catturati a

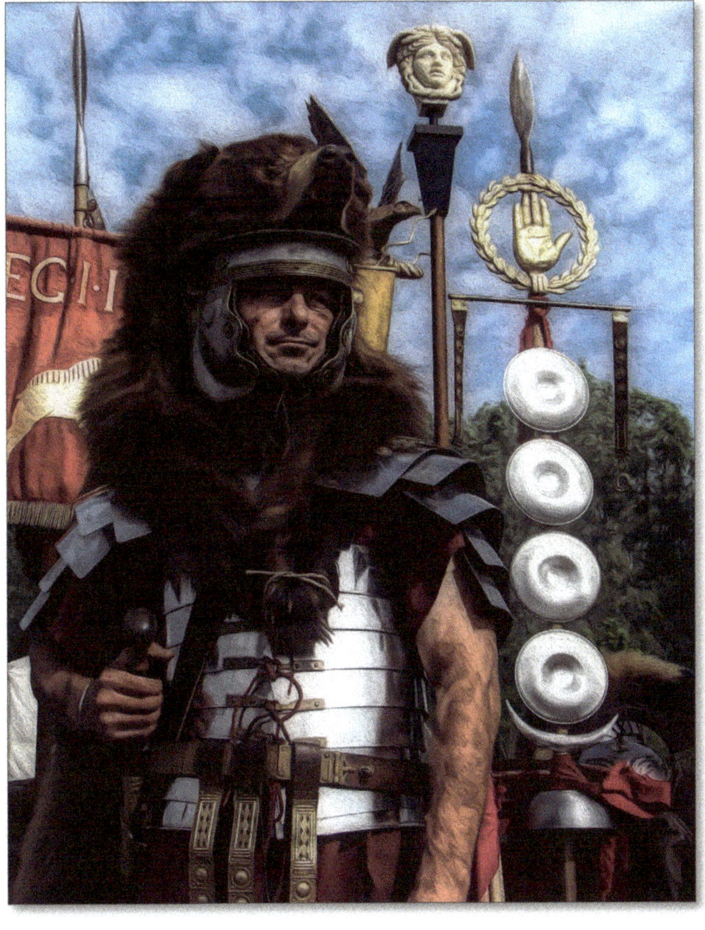

► **Signifero, I-II secolo d.C.,** gruppo di ricostruzione Associazione Culturale Legio I Italica di Villadose (Rovigo).

Signifer, 1st to 2nd century AD, Associazione Culturale Legio I Italica di Villadose (Rovigo, Italy,) reenactors group.

◄ **Maschera facciale da cavalleria** in bronzo, tipo C, fine II secolo, inizio III secolo d.C. Da Straubing Hoard, presso lo Straubing Museum.

Cavalry face mask in bronze of type C, end of 2nd to early 3rd century AD, from Straubing Hoard, now in the Straubing Museum.

Carre, accettando di fatto che i territori ad ovest dell'Eufrate entrassero a fare parte della zona di influenza di Roma, compresa l'Armenia.

In quegli anni Augusto fu impegnato anche su fronte occidentale: una campagna della durata di dieci anni fu condotta da Marco Vipsanio Agrippa in Spagna, conclusasi nel 19 a.C. con la sottomissione delle popolazioni iberiche dei Cantabri e degli Asturi. Messala Corvino riportò invece l'ordine in Aquitania, mentre nel 26 a.C. iniziavano le operazioni per occupare i territori dell'arco alpino, che si conclusero nel 14 con la sconfitta dei Vindelici e dei Reti da parte di Druso e Tiberio e l'occupazione delle Alpi occidentali, della Rezia e del Norico.

Da dove però arrivavano i pericoli maggiori erano le frontiere del Danubio e del Reno. A seguito della sconfitta subita nel 16 a.C dalla Legio V Alaudae, comandata dal legato Marco Lollio, per colpa delle tribù germaniche degli Usipeti, Sigambri e Tencteri, le truppe romane si spinsero oltre il fiume Reno, occupando le zone a ovest dell'Elba. Nel 12 a.C., dopo la morte di Agrippa, Tiberio iniziò una serie di operazioni militari in Pannonia e Dalmazia, mentre suo fratello Druso, l'anno dopo, guidava le legioni in Germania dove

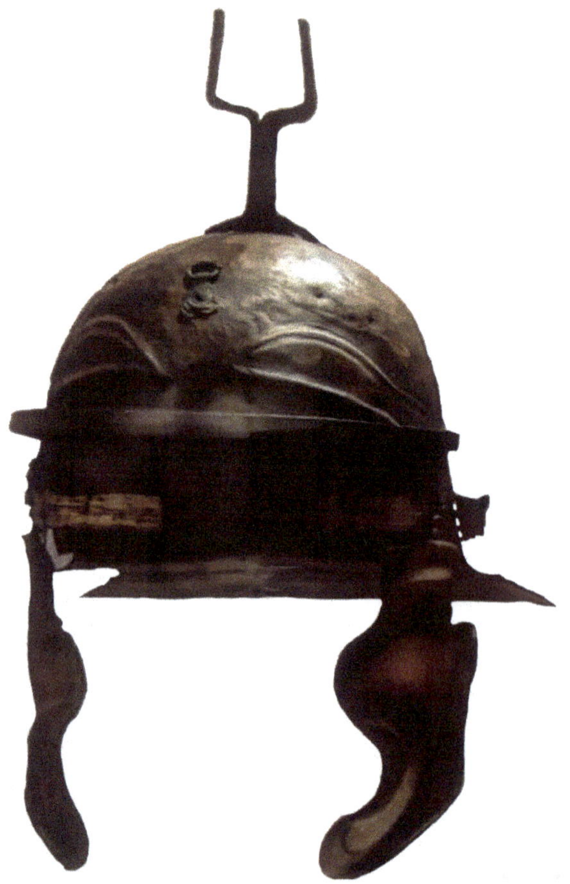

ottenne vittorie significative contro Catti, Cherusci e Svevi. Quando Druso, nel 9 d.C., morì per le conseguenze di una caduta da cavallo, a Tiberio fu assegnato il comando delle truppe del Reno, con le quali riprese le operazioni e raggiunse il fiume Elba. Per alcuni anni il territorio fra i due fiumi fu chiamato "Germania romana".

Augusto, intanto, aveva adottato come suoi successori i piccoli Caio Cesare e Lucio, figli di Agrippa e di sua figlia Giulia, che, rimasta vedova, era stata costretta a sposare proprio Tiberio, figlio di Livia Drusilla, seconda moglie di Augusto. Tiberio, tagliato fuori dalla successione al trono, rinunciò ad un comando in Armenia e si ritirò a vita privata sull'isola di Rodi, nel mare Egeo, dove rimase per dieci anni, dal 6 a.C. al 4 d.C., quando, morti Caio Cesare e Lucio, fu nominato successore di Augusto e fece ritorno a Roma. Subito fu inviato contro i Marcomanni di re Maroboduo e poi, nel 7 d.C., si spostò a sud per sedare una grave rivolta scoppiata in Pannonia e in Dalmazia. Nel 9 d.C. l'insurrezione in Pannonia e Illiria fu finalmente sedata, ma lo stesso anno, in agosto, tre legioni comandate da Publio Quintilio Varo, caddero in un'imboscata nella Selva di Teutoburgo, organizzata dai Cherusci comandati da Arminio, e massacrate.

Nel 14 d.C. Augusto morì e Tiberio ascese al trono imperiale. Le legioni del Reno e della Pannonia si ammutinarono, ma furono ricondotte all'ordine da Germanico, figlio di Druso, fratello di Tiberio. L'anno dopo Germanico iniziò la sua campagna contro le tribù ad est del Reno, per vendicare il disastro di Varo, ottenendo la vittoria definitiva contro Arminio a Idistaviso, nel 16. I Germani erano sconfitti, ma Tiberio preferì consolidare le frontiere dell'impero sul Reno, abbandonando il territorio appena riconquistato. Germanico si recò così in Oriente per iniziare una campagna contro i Parti, ma nel 19 moriva improvvisamente in Egitto, con il sospetto che potesse essere stato avvelenato su ordine di Tiberio.

Nel 21 Floro e Sacrovir si ribellarono in Gallia, ma le loro rivolte furono sedate. Nel 23 moriva Druso, figlio di Tiberio, fatto avvelenare da Seiano, prefetto del pretorio. Nel 27 Tiberio si ritirava a Capri e moriva a Miseno nel 37. Come nuovo imperatore fu nominato il giovane Caligola, figlio minore di Germanico, che trascorse parte del suo regno a scongiurare attentati alla sua vita, tranne l'ultimo che gli fu fatale. Nel 41 fu così acclamato *princeps* dai pretoriani suo zio Claudio, che, nonostante il fisico debilitato e l'aspetto poco affascinante, si rivelò un ottimo amministratore.

Anche in campo militare il nuovo imperatore ottenne buoni successi, a partire dalla conquista della Britannia, che invase nel 43 d.C. con quattro legioni e i corrispondenti ausiliari. Durante il suo principato continuarono le insurrezioni sul confine germanico, la più importante delle quali scoppiò nel 47 a opera dei Cauci e dei Frisi e fu soppressa da Corbulone.

Nel 54 Claudio morì avvelenato per ordine della sua ultima moglie, Agrippina Minore, madre di Nerone. Questi, adottato da Claudio, salì al potere e, in breve tempo, si sbarazzò del fratellastro Britannico, figlio di Claudio e Messalina, della madre e delle mogli Otttavia e Poppea. Il suo regno non fu caratterizzato da conquiste territoriali se non la provvisoria occupazione dell'Armenia da parte di Corbulone e delle sue tre legioni, avvenuta nel 60 d.C. L'anno dopo scoppiò in Britannia una violenta rivolta guidata da Budicca, regina degli Iceni, che infiammò l'isola e fu sedata a fatica dopo sanguinosi massacri tra la popolazione civile romana e britanna.

Il 64 è l'anno del grande incendio di Roma, di cui vennero incolpati gli Ebrei, e grazie al quale Nerone poté ricostruire la città secondo il nuovo piano regolatore. Nel 66 venne scongiurato il complotto di Calpurnio Pisone, in conseguenza della quale furono costretti al suicidio Seneca, Petronio e Lucano. Durante lo stesso anno scoppiò la rivolta in Giudea, che diede il via alla prima guerra giudaica. Gli Ebrei respinsero un primo assalto a Gerusalemme e sconfissero i Romani a Belth Horon.

Il 68 iniziò con la rivolta del legato della Gallia Lugdunense, Giulio Vindice, acclamato imperatore dalle sue legioni. Anche in Spagna i soldati insorsero, nominando *princeps* il loro comandante, Sulpicio Galba, a cui si unì il legato della Lusitania, Salvio Otone. Vindice venne sconfitto dalle legioni del Reno e si uccise, stessa fine che colse Nerone a Roma. Il Senato acclamò Galba, che però, nel 69, fu assassinato dai pretoriani, i quali offrirono la porpora a Otone. Le legioni orientali e africane appoggiarono il nuovo imperatore, ma quelle del Reno acclamarono il loro comandante Vitellio e si misero in marcia su Roma. Lo scontro avvenne a Bediacro, dove Otone fu sconfitto e si suicidò. A questo punto si intromisero le legioni orientali che acclamarono imperatore Flavio Vespasiano, al momento comandante dell'esercito romano impegnato in Giudea. Antonio Primo, legato di Vespasiano, penetrò in Italia al comando delle legioni pannoniche e sconfisse Vitellio nei pressi di

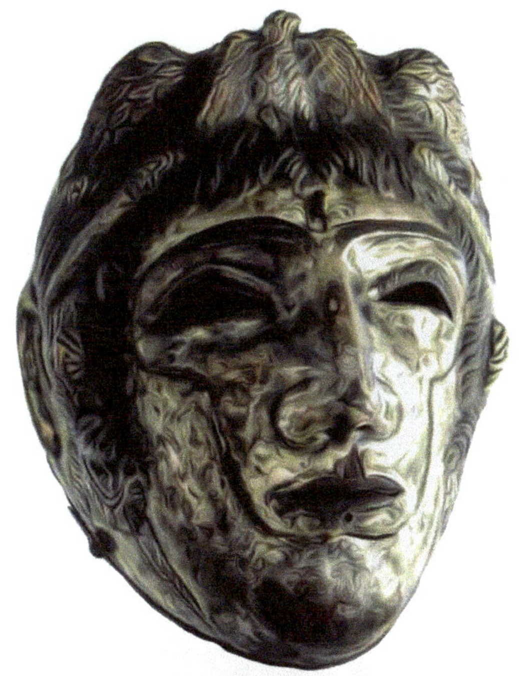

▲ **Elmo di bronzo da cavalleria** con maschera facciale, tipo F, fine II secolo d.C., da Pfrondorf, Landesmuseum Stuttgart, Germania.

Bronze helmet of sport cavalry with face mask, type F, end of 2nd century AD, from Pfrondorf, Landesmuseum Stuttgart, Germany.

◄ **Elmo imperiale gallico di tipo F,** I secolo d.C., con reggicresta in metallo, da Vindonissa, Brugg Museum, Windisch, Svizzera.

Imperial Gallic helmet of type F, 1st century AD, with metal crest, from Vindonissa, Brugg Museum, Windisch, Switzerland.

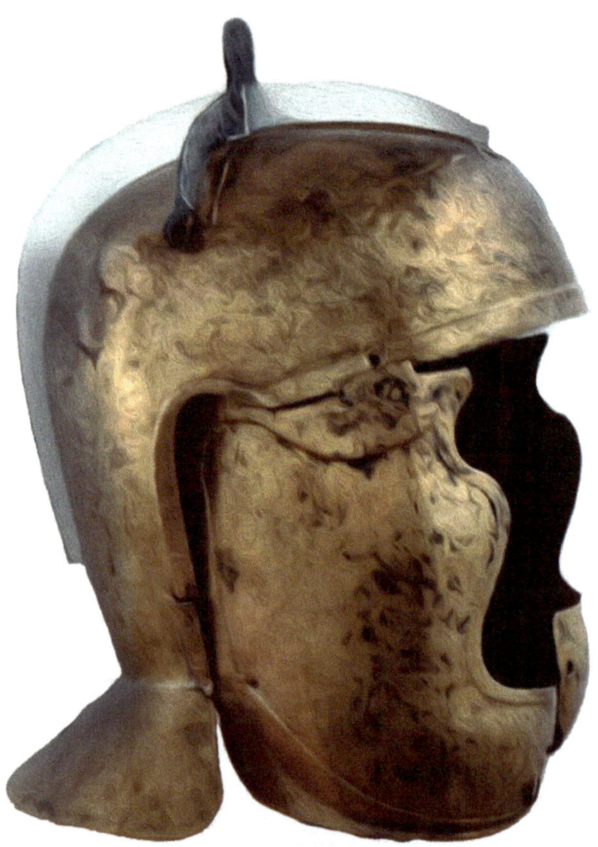

▲ **Elmo da cavalleria ausiliaria** tipo E, fine II secolo d.C., Aalen Museum, Germany.

Helmet of auxiliary cavalry of type E, end of 2nd century AD, Aalen Museum, Germany.

▶ **Lastra tombale di Annauso,** eques Ala II Flavia Gemina, I secolo d.C., da Magonza, Landesmuseum Mainz, Germania.

Tombstone of Annauso, eques of Ala II Flavia Gemina, 1st century AD, from Mainz, Landesmuseum Mainz, Germany.

Cremona. Il Senato conferì i poteri assoluti a Vespasiano.

Nel 70 d.C. il nuovo imperatore, prima di prendere possesso della capitale, sedò la rivolta di Gaio Civile, un principe batavo romanizzato, sconfiggendolo nella battaglia di *Augusta Treverorum*. Intanto suo figlio Tito conquistava Gerusalemme, festeggiando l'anno dopo a Roma il trionfo che gli venne attribuito. Nel 73 cadde la fortezza di Masada ed ebbe termine la prima guerra giudaica. Nel 78 Agricola diede il via a una serie di campagne per consolidare il potere romano in Britannia. Nel 79 si spense Vespasiano e gli succedette il figlio Tito. Quando anche questi venne a mancare nell'81, subentrò al potere suo fratello minore Domiziano. Il nuovo *princeps* adottò una politica estera aggressiva, cominciando dalla Britannia, dove, nell'84, Agricola sconfisse pesantemente i Caledoni nella battaglia del monte Graupius, per poi dedicarsi alla Germania, con le campagne degli *Agri decumates* degli anni 83-85.

Quando nell'86 i Daci di re Decedalo invasero la Mesia, fu inviato a respingerli un esercito comandato da Cornelio Fusco, che però fu sconfitto una volta che ebbe attraversato il Danubio. Domiziano si mise a capo di un nuovo corpo di spedizione, sconfisse i Daci a Tapae, nell'88, e venne a patti con Decebalo. L'anno dopo l'imperatore fu impegnato contro i Quadi e i Marcomanni e nel 92 contro i Sarmati, che distrussero la *Legio V Alaude* acquartierata sul Danubio. Nel 96 Domiziano venne assassinato in una congiura di palazzo e il Senato proclamò nuovo imperatore il senatore Nerva. Questi adottò e si associò al trono Marco Ulpio Traiano, legato della Germania *Superior*.

Roma festeggiò Traiano imperatore già nel 97, essendo morto l'anziano Nerva dopo neanche un anno di potere. Il *princeps* rivolte subito il suo interesse alla Dacia, invadendola una prima volta nel 101 d.C. e sconfiggendo Decebalo a Tapae. Le ostilità furono sospese per l'inverno, durante il quale i Daci compirono alcune incursioni contro le basi romane lungo il Danubio ma furono respinti. Nel 102 Traiano, riprese le ostilità, entrò a Sarmizegetusa, capitale dacica dove accettò la resa di Decebalo. Dopo tre anni la tregua fu rotta dal re dacio e Traiano attaccò nuovamente penetrando in Dacia da più parti contemporaneamente. Nel 106 Sarmizegetusa fu assediata e conquistata e Decebalo si suicidò per sottrarsi alla cattura. L'anno dopo la Dacia divenne provincia romana.

Nel 114 Traiano pose mano all'invasione dell'impero dei Parti, prima annettendo lo stato alleato dell'Armenia, poi penetrando a est dell'Eufrate e raggiungendo la capitale partica Ctesifonte, che fu conquistata e saccheggiata. La marcia continuò attraverso l'Assiria fino al Golfo Persico: sul trono

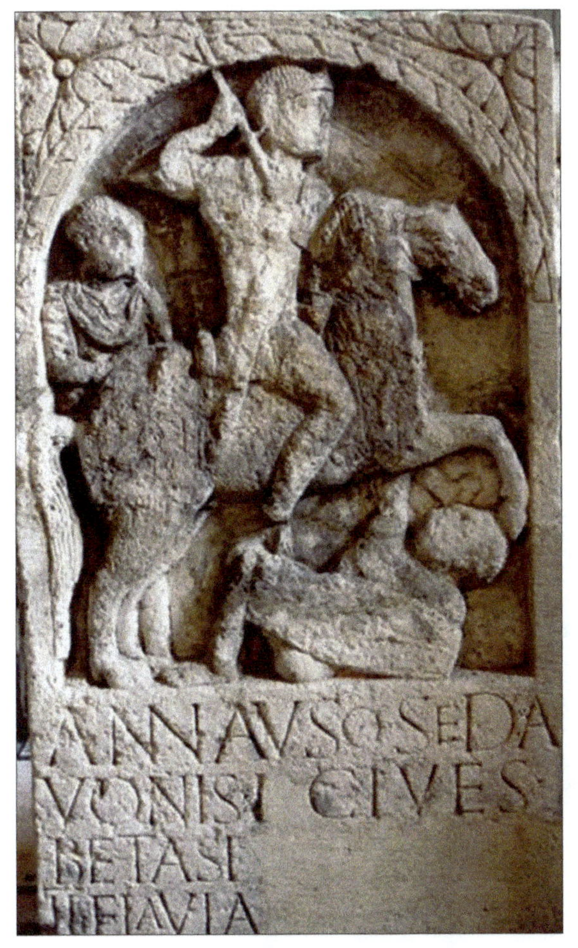

persiano fu messo un re fantoccio e l'impero romano raggiunse nel 117 la sua massima estensione territoriale. Intanto in Giudea divampava una nuova rivolta, nota come guerra di Kitos o seconda guerra giudaica, che rese difficile il mantenimento delle conquiste appena ottenute in Oriente. Purtroppo quello fu anche l'anno della morte di Traiano, che si spense in Cilicia mentre si apprestava a rientrare a Roma. Gli successe Adriano, che decise subito di tornare allo *status quo ante* le campagne del suo predecessore, mantenendo però la Dacia, ricca di miniere d'oro e d'argento. Sotto il suo regno iniziò la costruzione di un sistema di fortificazioni in tutti i settori del *limes*, il cui più fulgido esempio fu il Vallo che prese da lui il nome di Adriano, costruito sul confine settentrionale della Britannia tra il 122 e il 130. In quegli anni scoppiarono rivolte lungo il Reno e il Danubio, ma la più sanguinosa fu quella esplosa a Gerusalemme nel 132, detta rivolta di Bar Kohba, che si concluse con la distruzione della città e la diaspora del popolo ebraico.

Morto Adriano nel 138, gli succedette il figlio adottivo Antonino Pio. Il suo regno fu caratterizzato dal mantenimento dei confini, che corsero gravi pericoli soprattutto a causa di una invasione di Mauri in Africa settentrionale e della rivolta dei Briganti in Britannia, dove fu fatto costruire il Vallo Antonino, un po' più a nord di quello Adriano.

Nel 161 salì al trono Marco Aurelio, che si associò al potere il fratello adottivo Lucio Vero. Con loro ripresero le operazioni militari, prima contro un attacco dei Parti, che portò alla riconquista romana della Mesopotamia (163) e poi con l'inizio di una serie di campagne contro i Quadi e i Marcomanni che si protrasse fino alla morte dell'imperatore, avvenuta nel 180. Ma il problema principale che Marco Aurelio dovette affrontare fu la peste che i suoi soldati portarono dall'Oriente e che diffusero prima in Italia e poi in tutti i territori dell'Impero e che imperversò per più di venti anni.

A Marco Aurelio successe il figlio Commodo, già da tempo associato al trono, che verrà ucciso da una congiura nel 192. Si estinse con lui la dinastia degli Antonini ed ebbe inizio un periodo di guerra civile che durerà alcuni anni: Pertinace, prefetto dell'Urbe, venne nominato imperatore dai pretoriani, ma fu da loro ucciso dopo solo tre mesi. Fu la volta di Dido Giuliano, ma le legioni siriache proclamarono imperatore Pescennio Nigro, quelle della Britannia Clodio Albino e quelle della Pannonia Settimio Severo, che entrato in Italia depose Giuliano. Nel 194 Severo sconfisse Nigro a Isso, per poi invadere la Mesopotamia nel 196. L'anno dopo Clodio Albino mosse dalla Britannia con le sue legioni e fu sconfitto da Severo a Lione. Divenuto unico imperatore, Settimio Severo riprese le ostilità contro i Parti nel 198, arrivando a distruggere la loro capitale Ctesifonte.

Nel 207 l'imperatore intervenne in Britannia per fermare l'invasione dei Caledoni. Morto a York nel 211, gli successe il figlio Bassiano, meglio noto come Caracalla, che, nel 212, con la *constitutio antoniniana*, concesse la cittadinanza romana a tutti i sudditi liberi dell'impero. Nel 217 Caracalla venne assassinato a Carre mentre preparava una spedizione contro i Parti.

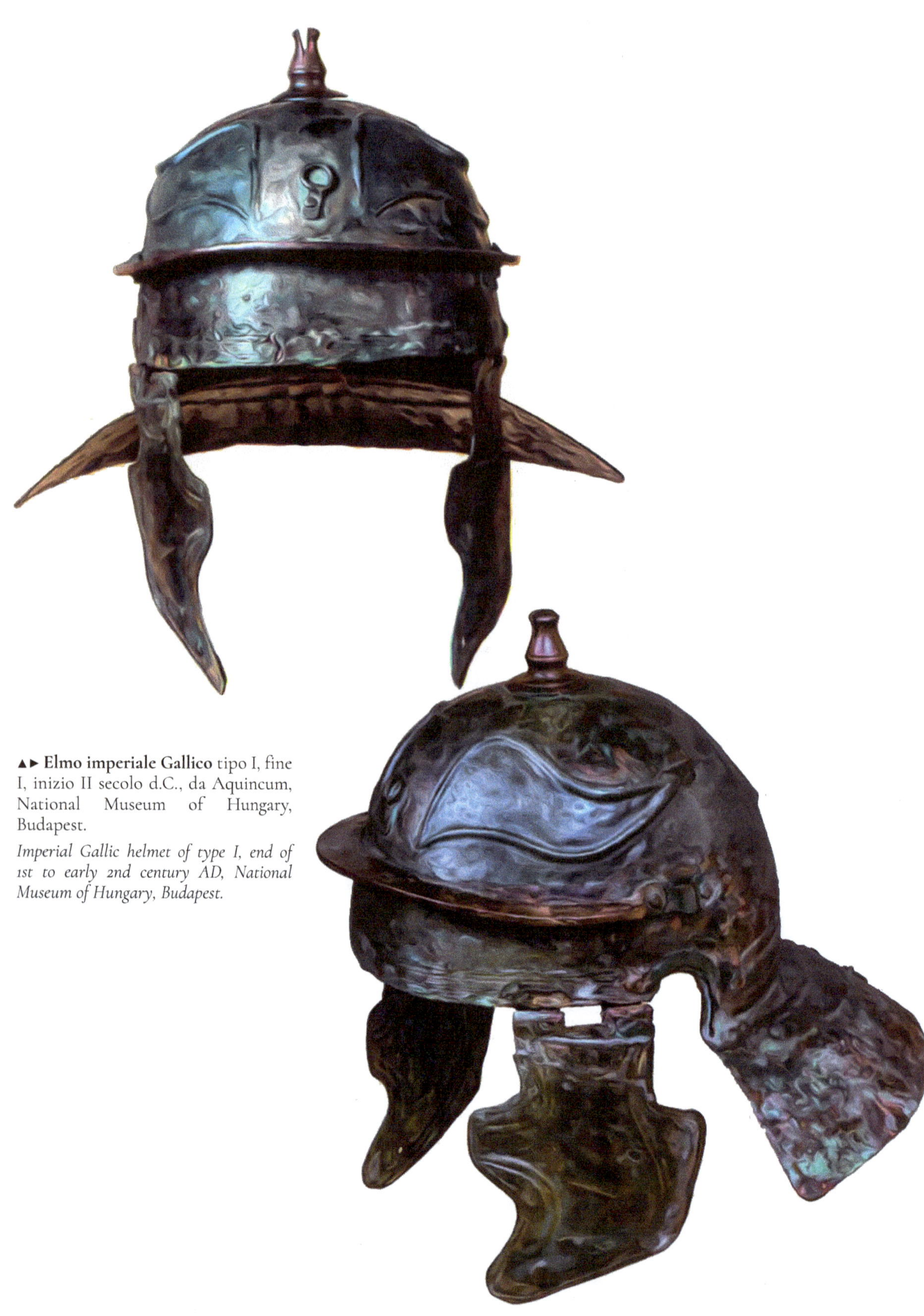

▲► **Elmo imperiale Gallico** tipo I, fine I, inizio II secolo d.C., da Aquincum, National Museum of Hungary, Budapest.

Imperial Gallic helmet of type I, end of 1st to early 2nd century AD, National Museum of Hungary, Budapest.

EQUIPAGGIAMENTO E ARMAMENTO

LA FANTERIA

I legionari romani nel corso dei primi due secoli del Principato continuarono a indossare, come corazza, la *lorica hamata* (cotta di maglia). Questa era composta da anelli di ferro, dello spessore medio di 1mm e del diametro di 7. Ogni anello era unito mediante saldatura o inchiodatura ad altri quattro. La *lorica hamata* era flessibile e scendeva a coprire il corpo fino ai fianchi; si adattava al soldato meglio di altre corazze e si indossava su un corpetto di cuoio, *subarmalis*, con una cintura che aiutava a distribuirne meglio il peso, che altrimenti avrebbe gravato interamente sulle spalle. La protezione che offriva era buona, ma la cotta poteva essere perforata da un colpo di punta o da una freccia. Anche la corazza a squame, *lorica squamata*, era diffusa, soprattutto fra i centurioni e i signiferi, per la sua praticità nell'indossarla e nel ripararla, dal momento che le scaglie si potevano rompere facilmente. Queste erano composte da una lega di rame o di ferro e le dimensioni potevano variare da corazza a corazza, pur rimanendo solitamente piccole. Le file di squame erano tenute insieme da un filo metallico, sovrapposte e cucite a un sostegno in tessuto. Ma la corazza che fu impiegata maggiormente a partire dall'inizio del I secolo d.C. fu la *lorica segmentata*. La corazza, di cui furono trovati i primi tre esemplari a Corbridge, in Inghilterra, era formata da una serie di lamine di ferro articolate con strisce di cuoio sottostanti, che proteggevano il busto e le spalle. Il metallo non era indurito mediante forgiatura, perché potesse assorbire meglio i colpi. Questo tipo di corazza riusciva a deviare e arrestare la maggior parte dei colpi di spada e di freccia, pesava circa 9 kg, meno della cotta di maglia, ma era meno comoda da indossare e da portare, a causa della sua rigidità. Anche la manutenzione era difficile, perché gli accessori in bronzo e cuoio tendevano a rompersi e a staccarsi e a corrodere il ferro dell'armatura. Armature muscolari in cuoio, metallo o lino erano indossate dagli ufficiali superiori.

Altro elemento protettivo era l'elmo, di cui esistevano molti modelli e tipologie. All'inizio del Principato era ancora in uso l'elmo di tipo *Montefortino*, con paragnatidi più ampie rispetto a quelle del periodo precedente. Molto diffuso era anche il *Coolus*, simile al *Montefortino* ma con paragnatidi e paranuca ancora più ampi e dotato di una sporgenza sulla fronte per respingere i colpi di taglio. A partire dalla metà del I secolo d.C. gli elmi più usati erano di tipo imperiale gallico: si

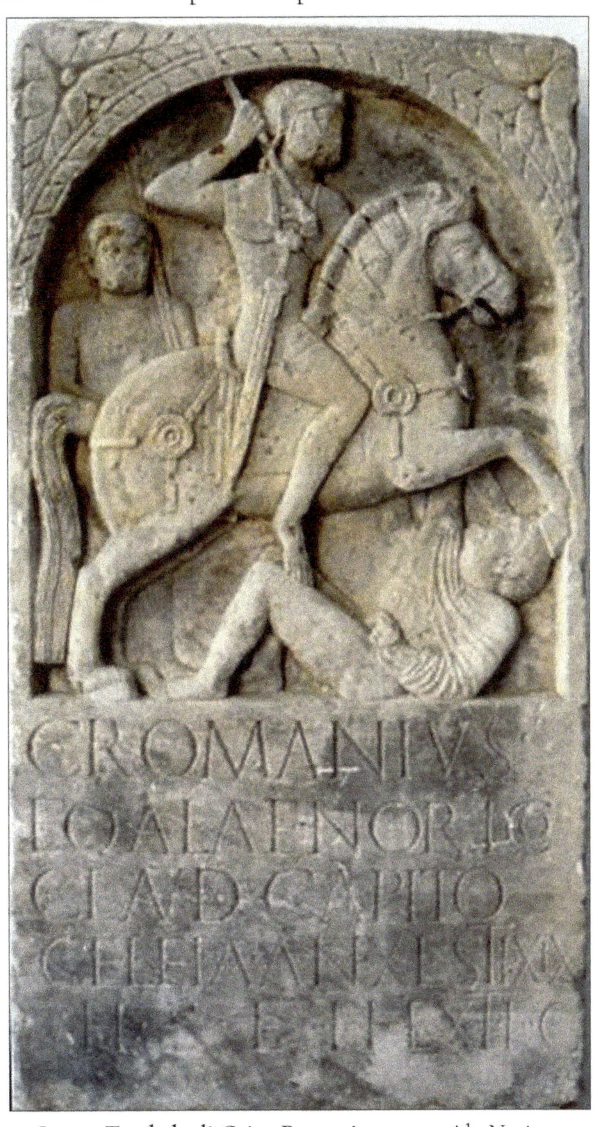

▲ **Lastra Tombale di Caius Romanius, eques** Ala Noricorum Claudia, I secolo d.C., da Magonza, Landesmuseum Mainz, Germania.

Tombstone of Caius Romanius, eques of Ala Noricorum Claudia, 1st century AD, from Mainz, Landesmuseum Mainz, Germany.

trattava dell'evoluzione dei due elmi precedenti, dotato di un paranuca più ampio e più basso e scanalato e angolato per offrire una maggiore resistenza ai colpi. L'elmo imperiale italico, entrato in uso durante la fine del I secolo d.C., era simile all'imperiale gallico, ma con protezioni ancora più ampie e decorazioni su tutta la sua superficie.

In campagna capitava poi di adeguare le protezioni alle esigenze del momento. Per esempio, durante le guerre daciche, per proteggersi dai colpi delle falci dei Daci, furono applicate sulla sommità degli elmi delle crociere metalliche, mentre si tornò all'uso degli schinieri per la protezione delle gambe. Furono inoltre indossate delle protezioni a fasce metalliche sul braccio destro, del tipo di quelle usate dai gladiatori.

I centurioni portavano sull'elmo una cresta trasversa, per potere essere subito riconosciuti, gli *opzioni* una cresta bicolore e due piume, mentre i *signiferi* pelli di animali.

A completare l'armatura difensiva del legionario era lo scudo, *scutum*, simile a quello degli ultimi anni della repubblica, ma ridotto di dimensioni all'inizio del I secolo d.C. Di forma rettangolare semicilindrica, aveva la parte alta piatta, con i bordi diritti o curvi, anche se vi erano modelli con la parte alta ricurva. I bordi erano rinforzati in metallo e l'umbone centrale era di ferro. L'impugnatura era costituita da un manico orizzontale. Lo scutum era realizzato in strati di legno rivestiti di cuoio, sui quali era dipinto l'emblema della legione. Scudi rotondi più piccoli, *parma*, erano portati da *signiferi* e musicanti.

L'armamento era costituito dal *pilum*, arma da lancio usata da tutti i legionari, e dal *gladius*, spada corta di origine ispanica. Il modello e l'impiego dei *pila* non differivano molto da quelli della Repubblica (vedi M.Lucchetti e L.S.Cristini, L'esercito romano da Romolo a re Artù, Vol.I). Il *gladius*, di cui esistono due tipi, quello di Mainz e quello di Pompei, era sempre portato sul lato destro, per estrarlo più facilmente senza impigliarlo nello scudo, tranne che per i centurioni e gli ufficiali che portavano l'arma sulla sinistra. La lunghezza della lama variava dai 400 a 550 mm. mentre la larghezza era di circa 70-80 mm. Impugnatura, guardia e pomo erano di legno, osso o avorio, a seconda delle disponibilità economiche del soldato. Il *pugio* era il pugnale militare e veniva portato appeso alla cintura, *cingulum*, sul lato opposto a quello della spada. La lunghezza della lama era circa la metà di quella del *gladius* e l'impugnatura era di metallo decorato. Anche il fodero era spesso riccamente decorato, dando decoro alla cintura del soldato.

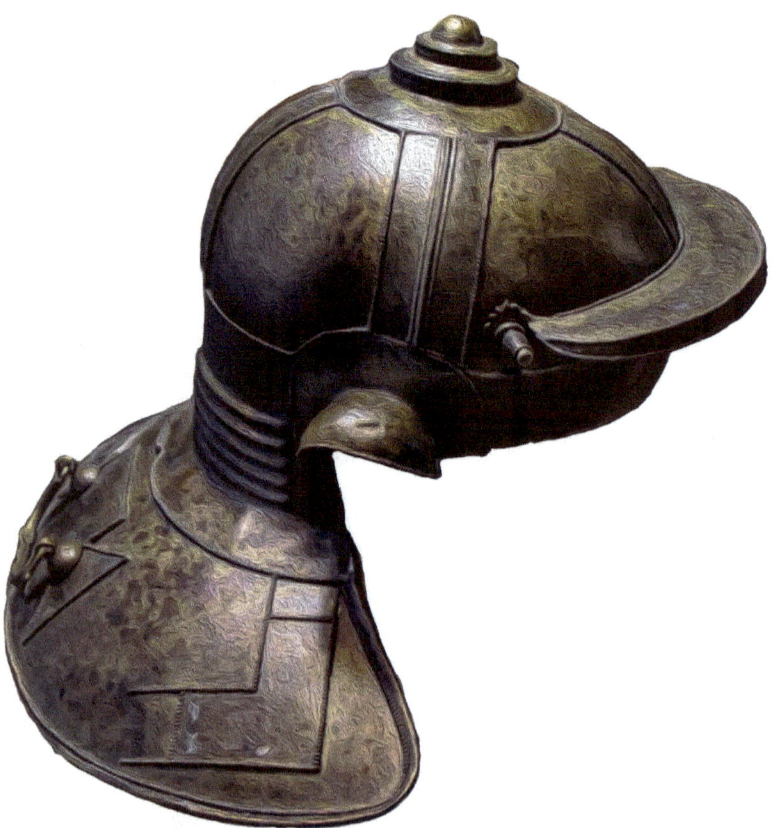

◄ **Elmo imperiale italico tipo H,** seconda metà del II, inizio III secolo d.C., da Niedermormter, Rheinisches Landesmuseum Bonn, Germania.

Imperial Italic helmet of type H, second half of 2nd to 3rd century AD, Niedermormmter, Rheinisches Landesmuseum Bonn, Germany.

► *Elmo da cavalleria ausiliaria tipo* **A,** metà I secolo d.C., da Xanten, Rheinisches Landesmuseum, Bonn, Germania.

Auxiliary cavalry helmet type A, middle 1st century AD, from Xanten, Rheinisches Landesmuseum, Bonn, Germany.

Sotto l'armatura i legionari indossavano tuniche di lana o di lino, di forme e colori diversi. Durante la marcia o per proteggersi dai rigori del freddo i soldati semplici indossavano due tipi di mantello, il *sagum*, un semplice rettangolo di lana pesante allacciato sulla spalla destra con una fibbia, fibula, e la *paenula*, una specie di poncho di forma ovale con apertura per la testa e dotato di cappuccio. Gli ufficiali indossavano il *paludamentum*, mantello classico che ricadeva sul braccio sinistro in modo simile alla toga civile. Intorno al collo veniva portata una sciarpa, *focalis*, per proteggerlo dal freddo, dai colpi dell'avversario e dallo sfregamento del bordo della lorica.

Le calzature più usate erano le *caligae*, sandali chiodati, portati direttamente sul piede nudo o su calze di lana. Gli ufficiali superiori, e spesso anche i centurioni, calzavano invece scarpe chiuse, i *calcei*.

Gli ausiliari di fanteria indossavano elmo, corazza e scudo ed erano equipaggiati con lance o giavellotti e *gladius*. Lo scudo era più leggero di quello dei legionari, ma questo non significa che il loro impiego fosse assimilabile a quello della fanteria leggera, dal momento che erano impiegati alla stessa stregua dei legionari.

L'aquila era lo stendardo simbolo di ogni legione ed era oggetto di venerazione da parte dei soldati. Era probabilmente in oro o placcata in oro e fissata ad una semplice asta. L'aquilifer era l'ufficiale responsabile del suo trasporto. Ogni centuria aveva poi il suo stendardo, il *signum*, portato da un *principales* chiamato *signifer*. I *signa* erano sormontati da una punta di lancia ornamentale o da una mano alzata in metallo. Erano riccamente decorati con ghirlande dorate e dischi argentati in numero variabile da due a sei, probabilmente ad indicare la centuria di appartenenza.

C'era poi il *vexillum*, sorta di bandiera recante il simbolo totemico della legione, che segnava la posizione del comandante nel campo o durante il combattimento oppure sostituiva l'aquila come stendardo di un distaccamento che prestava servizio lontano dalla legione di appartenenza (*vexillatio*). Durante il Principato, ogni unità disponeva di immagini dell'imperatore in carica, costituite da un busto

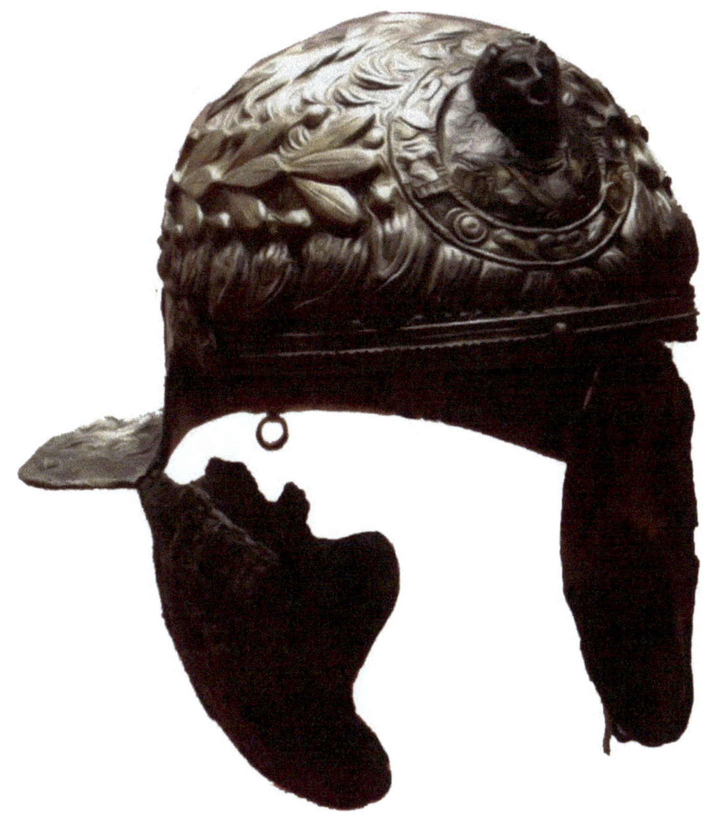

dorato fissato ad un'asta e chiamate immagine. Servivano per ricordare ai soldati il loro giuramento di fedeltà all'imperatore ed erano portate da *signiferi* detti *imaginiferi*. Uno dei sistemi di trasmissione degli ordini era l'uso di suoni acustici emessi da strumenti in dotazione a ciascuna unità, come la *tuba*, il *cornu* e la *bucina*. La *tuba* era una tromba tipica della fanteria, con cui si dava il segnale di attacco e di ritirata, chiamava i soldati ai turni di guardia e avvertiva della partenza dall'attaccamento. Era costituita da una canna conica di bronzo, lunga circa un metro ed era suonata dai *tubicines*. Il *cornu* era uno strumento di antica origine, derivato dal corno bovino. In uso nella fanteria, era realizzato in bronzo con forma a spirale e leggermente allargato nella parte terminale. Era fornito al centro da una traversa in legno che consentiva al suonatore di appoggiarlo sulla spalla quando doveva adoperarlo. I *cornicines* operavano sempre accanto ai vessilliferi, perché anche le insegne avevano un ruolo fondamentale nella trasmissione di ordini.

La *bucina* era uno strumento ricurvo, usato solo per le segnalazioni all'interno dell'accampamento dalla fanteria e, durante la battaglia, dalla cavalleria.

Nell'esercito romano le ricompense era costituite da semplici menzioni davanti alle truppe, da un avanzamento di grado o dalla preda bellica.

Vi erano poi le decorazioni, divise in *dona minora e maiora*. I *dona minora* erano costituiti da *armillae, torques e phalerae* e cioè bracciali, collane e medaglioni, normalmente d'argento, riservati ai soldati semplici e ai gradi inferiori. I *dona maiora* erano invece le *coronae*, le *hastae purae* e i *vexilla*. Le *coronae* era di sei tipi, quella *graminea*, in erba, concessa a chi aveva salvato l'intero esercito; la *civica* era per colui che aveva posto in salvo un cittadino romano, mentre la *muralis* premiava chi avesse dato per primo l'assalto alle mura di una fortezza nemica. La *vallaris* era simile alla *muralis*, ma non era aurea e era concessa a chi entrava per primo in un accampamento nemico.

La corona aurea era formata da foglie d'alloro ornate da un lungo nastro e premiava gli atti di valore in generale. La *navalis* o *rostrata* era per i marinai. Le *hastae purae* erano lance prive di punta o nuove, assegnate a chi avesse ucciso un nemico esponendosi volontariamente, mentre i *vexilla* andavano a chi piantava per primo il vessillo sulle mura nemiche.

Durante la marcia i legionari portavano, appesi a una pertica, *furcilla*, gli involti con il grano, i cereali, il sale, un piccolo otre con l'aceto e la *situla*, un secchiello per l'acqua e per cucinare e, all'interno di una sacca di cuoio, *sarcina*, gli indumenti di ricambio e gli effetti personali. Sempre del bagaglio individuale facevano parte «una sega, un cesto, una piccozza, una scure, un trincetto, una cinghia e una catena» (Flavio Giuseppe, Guerra Giudaica). Lo scudo era portato appeso a tracolla sulle spalle, mediante un cinturino, e inserito in una fodera di cuoio o tela impermeabile. Per ogni *contubernium*, otto legionari, era a disposizione un mulo che portava la tenda e gli attrezzi da campo, e altre razioni di viveri.L'esercito in marcia aveva una disposizione rettangolare o quadrata: in testa vi erano gli *auxilia* armati alla leggera, con compiti di esplorazione e di primo intervento nel caso di attacco nemico, sostenuti dagli arcieri e da reparti di legionari. Venivano poi gli addetti al trasporto dei bagagli e degli attrezzi per la misurazione del *castrum*, i genieri e gli *impedimenta* (carriaggi, salmerie, tende, macchina da guerra e bestie da soma). Subito dopo cavalcava il comandante in capo con la guardia e la cavalleria legionaria. Quindi marciavano le legioni, con le insegne in testa, poi i servi con i bagagli e infine la retroguardia formata da *auxilia*, legionari e cavalleria.

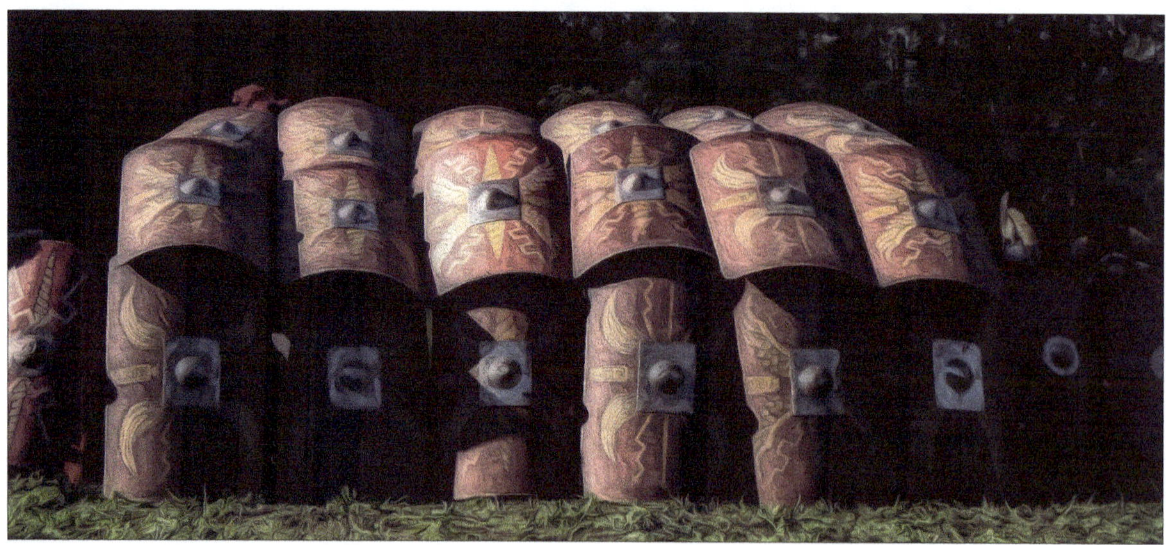

LA CAVALLERIA

A partire dalla riforma di Augusto la cavalleria legionaria era composta da 120 uomini, portati a 300 solo durante il periodo di Adriano. La formazione di base era la *turma* di 30 *equites*, comandata da un centurione invece che da un decurione, che era invece responsabile dei reparti di cavalleria ausiliaria. L'equipaggiamento del cavaliere era simile a quello del fante, ma con importanti varianti.

Gli elmi avevano le orecchie sempre coperte da un prolungamento delle paragnatidi, che erano scolpite proprio a forma di orecchio.

I paranuca erano piuttosto profondi, ma più sottili, per evitare che il cavaliere si rompesse l'osso del collo in caso di una caduta da cavallo. La calotta dell'elmo era scolpita di solito a forma di capelli e il viso spesso era protetto da una maschera facciale. I cavalieri romani indossavano *loricae hamatae o squamatae*, più corte di quelle della fanteria, per agevolare la posizione in groppa all'animale.

Lo scudo era simile a quello ovale della fanteria ausiliaria. Al posto del *gladius* il cavaliere impugnava una spada dalla lama più lunga, la *spatha*, appesa ad un balteo a tracolla: pomo, guardia e impugnatura erano simili a quelli del gladio.

Durante il I secolo d.C. l'*eques* doveva portare una lancia da combattimento, *lancias pugnatorias*, e due giavellotti più piccoli, *minores subarmales*.

I romani non usavano le staffe e, quindi, per montare e combattere efficacemente a cavallo avevano bisogno di una sella particolare, costruita con quattro corni, due anteriori e due posteriori, intorno a cui si stringevano le cosce, garantendo un discreto assetto.

A parte quella legionaria, i cui componenti erano tutti dotati della cittadinanza romana, il grosso della cavalleria era costituito da reparti di ausiliari. Nonostante questo la cavalleria godeva di un notevole prestigio tra i Romani e molto rinomati erano gli *hippica gymnasia*, una sorta di caroselli equestri effettuati dagli *equites* con l'armatura da parata e aperti al pubblico.

Si svolgevano di solito in uno spazio antistante l'accampamento e servivano per mettere in mostra le attività della cavalleria, l'abilità dei cavalieri e un equipaggiamento estremamente elaborato, con elmi e maschere facciali d'argento ricche di decorazioni, scudi dipinti da artisti famosi e insegne variopinte, come il draco di origine sarmata.

Lo storico Arriano dà una dettagliata descrizione di questi giochi equestri.

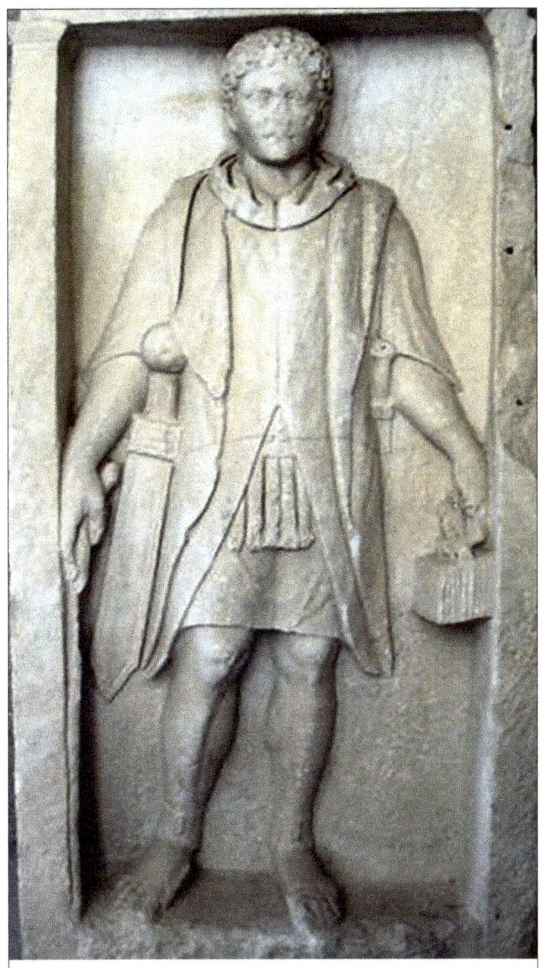

▲ **Lastra tombale di Caius Valerius Valens**, legionario di Corinto, 45-70 d.C., Museum of Archeology Corinth, Grecia.

Tombstone of Caius Valerius Valens, legionary of Corinth, 45-70 AD, Museum of Archeology of Corinth, Greece.

◄ **Testudo, I-II secolo d.C.,** gruppo di ricostruzione Associazione Culturale Legio I Italica di Villadose (Rovigo).

Testudo, 1st to 2nd century AD, Associazione Culturale Legio I Italica reenactors group of Villadose (Rovigo).

MACCHINE DA GUERRA E DA ASSEDIO

I romani attinsero l'arte delle macchine belliche soprattutto dalla scienza greca e alessandrina. Due erano le categorie in cui queste si dividevano: le macchine addette al lancio di proiettili e quelle destinate ad agevolare l'approccio e l'assalto alle difese fisse nemiche.

I meccanismi usati per il lancio di proiettili, sia dardi che pietre, erano conosciuti con il nome di *tormenta* e traevano la loro forza di propulsione dalla torsione di un fascio di nervi, tendini o crini animali. I nomi con cui vennero chiamati furono vari e mai codificati, creando così una certa confusione nella loro classificazione. Vitruvio chiamava le macchine lanciatrici di dardi e giavellotti *catapultae* e *scorpiones*, mentre quelle che scagliavano proiettili di pietra *ballistae*. Vegezio, invece, identificava con il nome di *ballista* la macchina che scagliava giavellotti, chiamava *onager* la *catapulta* e *scorpio* una *ballista* di piccole dimensioni. Più che il nome, quello che differenziava queste macchine era il sistema di propulsione, a una o due braccia. La catapulta era una macchina a due braccia, formata da tre parti fondamentali, e cioè una camera di tensione, il meccanismo di scatto e la base di appoggio a terra. La prima poteva essere orientata in altezza e ruotare su stessa, mentre il carrello di propulsione poteva contenere sia dardi che proiettili in pietra. A seconda delle sue dimensioni, che dipendevano dal peso e dalle dimensioni del proiettile, la catapulta veniva chiamata *ballista* o *scorpio*. Le macchine che lanciavano pietre, naturalmente, erano più grandi di quelle che lanciavano dardi.

Traiano introdusse, durante le campagne di Dacia, una variante dello *scorpio*, la *cheiroballista*, che si rivelò efficace e pratica da usare. Un modello più piccolo fu montato su carri trainati da muli, dai quali lanciava dardi, e che prese il nome di *carroballista*. L'*onager* era una macchina a un solo braccio, dotata di un telaio molto robusto e destinata al lancio di corpi contundenti. Il suo nome derivava dall'onagro,

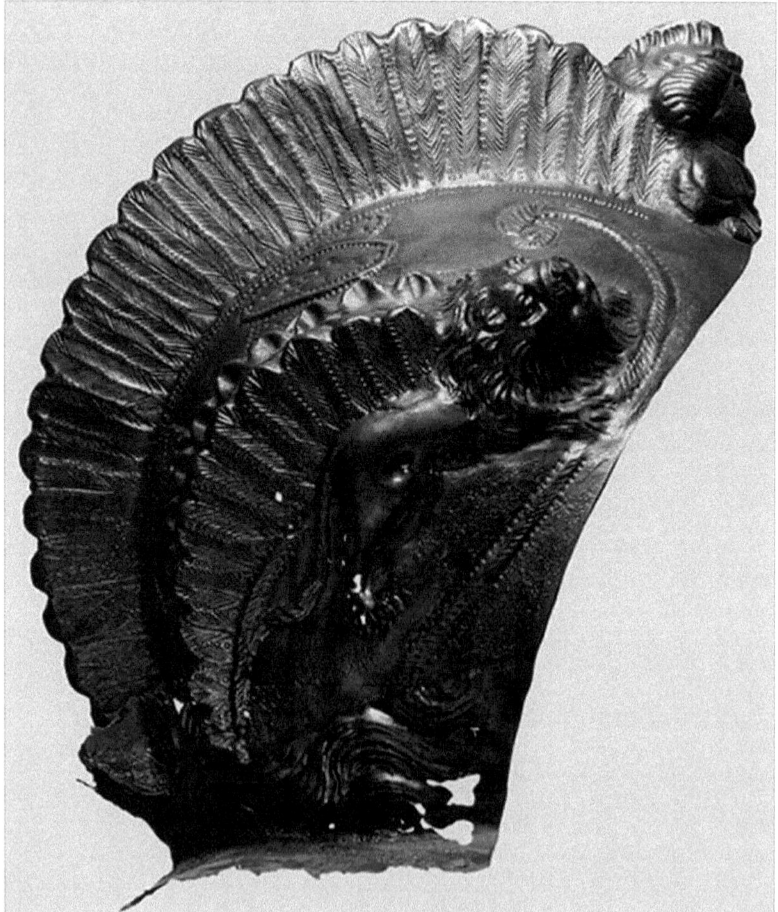

l'asino selvatico, perché il sistema propulsivo dell'arma, che si sollevava posteriormente al momento del lancio, assomigliava al modo di scalciare dell'animale. Al centro del telaio era alloggiata la matassa, che costituiva l'organo di propulsione. Il grande braccio di cui era dotato, lo *stilum*, era costituito da un massiccio palo la cui estremità inferiore era inserita nella matassa. All'altra estremità era legata una sorta di fionda in cui inserire il proiettile. Lo *stilum*, che in posizione di riposo era disposto verticalmente rispetto al terreno, per mezzo di un argano veniva compresso verso il basso: quando si rilasciava il meccanismo di scatto, il proiettile veniva lanciato anche a una distanza di 300 metri.

Non molto facile da spostare, era usato di preferenza durante gli assedi. Gli artiglieri erano legionari specializzati e perciò

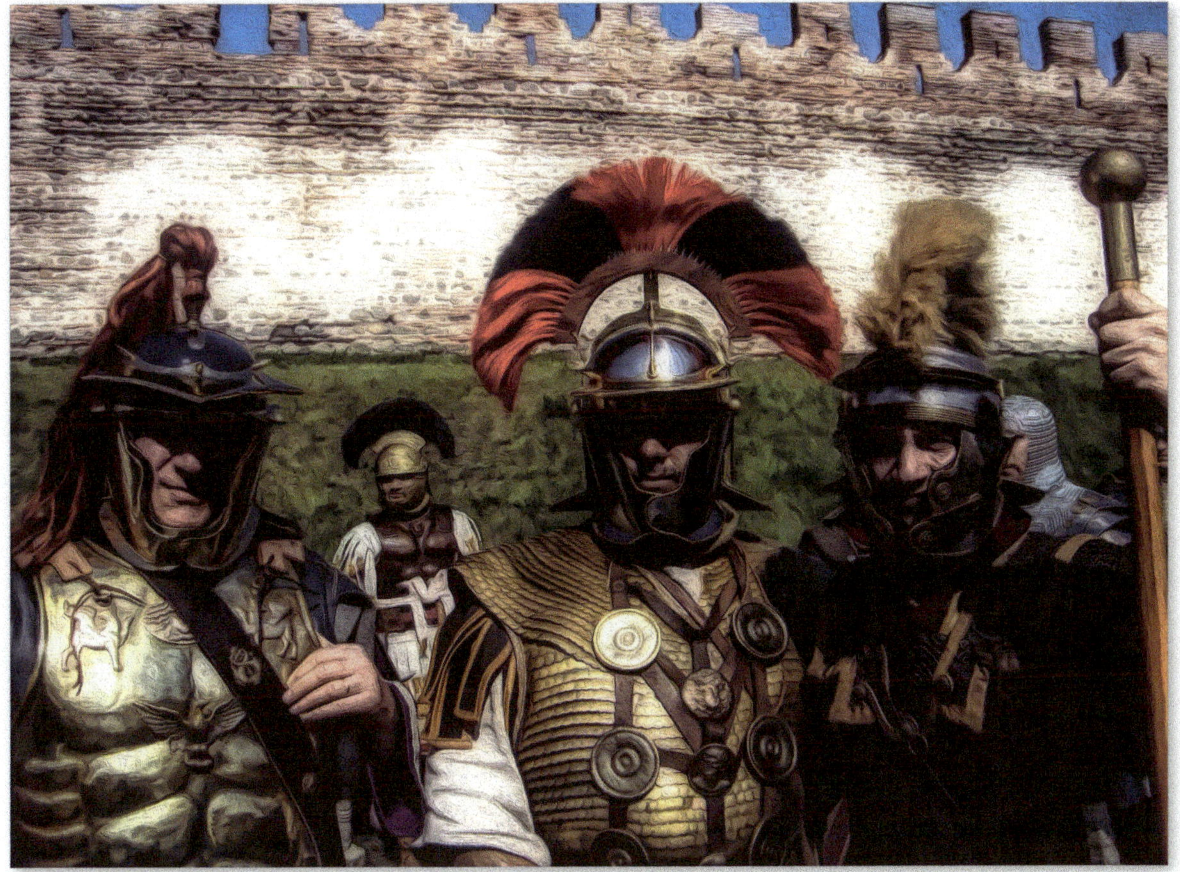

▶ Ufficiali, fine II, inizio III secolo d.C., gruppo di ricostruzione Associazione Culturale Legio I Italica di Villadose (Rovigo).
Officers 2nd to 3rd century AD, Associazione Culturale Legio I Italica reenactors group of Villadose (Rovigo), Italy.

◀ Elmo sportivo da cavalleria ausiliaria tipo H, III secolo d.C., da Worthing, Norfolk, Norwich Museum, Inghilterra.
Sport helmet of auxiliary cavalry, type H, 3rd century AD, from Worthing, Norfolk, Norwich Museum, England.

appartenevano alla categoria degli *immunes*, cioè esonerati dai servizi di caserma. Vere e proprie macchine d'assedio erano l'ariete, le torri mobili e i marchingegni protettivi.
Gli arieti erano gli strumenti per eccellenza con i quali i romani aprivano brecce nelle mura avversarie. Le dimensioni e le forme variavano a seconda delle necessità: composto da un lungo palo alla cui estremità era fissato un rinforzo di metallo a forma di testa di ariete (da qui il nome), veniva accostato alle mura da abbattere e spinto dagli inservienti, che potevano essere protetti da tettoie o operare dentro una torre di assedio. Le torri mobili, *turres ambulatoriae*, erano macchine di supporto e protezione per l'attacco, composte da alte torri di legno che venivano accostate alle mura della città assediata, sulle quali aprivano un ponte mobile attraverso il quale i legionari si lanciavano all'attacco, protetti dagli arcieri che tiravano dalla sommità della torre.
Alcune di queste torri erano fornite di ariete, fissato a livello del terreno. Altre difese usate per avvicinarsi alle mura erano la *vinea*, il *porticus*, la *testudo* e il *musculus* che fornivano riparo ad un numero limitato di uomini, circa 20.
Il *pluteus* era un piccolo riparo per due uomini. Apollodoro di Damasco, grande architetto di Traiano, fu anche progettista di macchine da guerra, che, secondo lui, dovevano essere: «facilmente riparabili, difficili da neutralizzare, mobili, stabili, non infiammabili, invulnerabili, solide, smontabili».

I PRETORIANI E LA GUARNIGIONE DI ROMA

Intorno al 27 a.C., Augusto costituì nove *cohortes praetoriae*, ognuna di circa 500 uomini, compreso un contingente di cavalleria di dubbia consistenza. Il compito dei *praetoriani*, legionari scelti che ai tempi della repubblica costituivano la scorta dei pretori in battaglia, era quello di garantire la sicurezza del *princeps*, sia come militari che come poliziotti, e di eseguire la volontà del sovrano in ogni campo. Ogni coorte era comandata da un tribuno, uno dei quali era anche il *praefectus castrorum*, responsabile amministrativo dei *castra praetoria*. Il *trecenarius* era invece il comandante degli *speculatores* pretoriani. La coorte era divisa in 6 centurie di 80 uomini l'una, comandate da un centurione. Tribuni e centurioni provenivano dall'esercito, dagli urbaniciani o dai *vigiles*, ma Settimio Severo allargò il reclutamento anche ai provinciali. La ferma era di 16 anni.

Nel 47 d.C. le coorti divennero 12 e, con Vitellio, 16, ciascuna composta da 1000 uomini. Vespasiano le riportò a 9 di 500 pretoriani l'una e suo figlio Domiziano a dieci. La consistenza rimase immutata fino a Settimio Severo, che aumentò gli organici delle singole unità fino a 1000/1500.

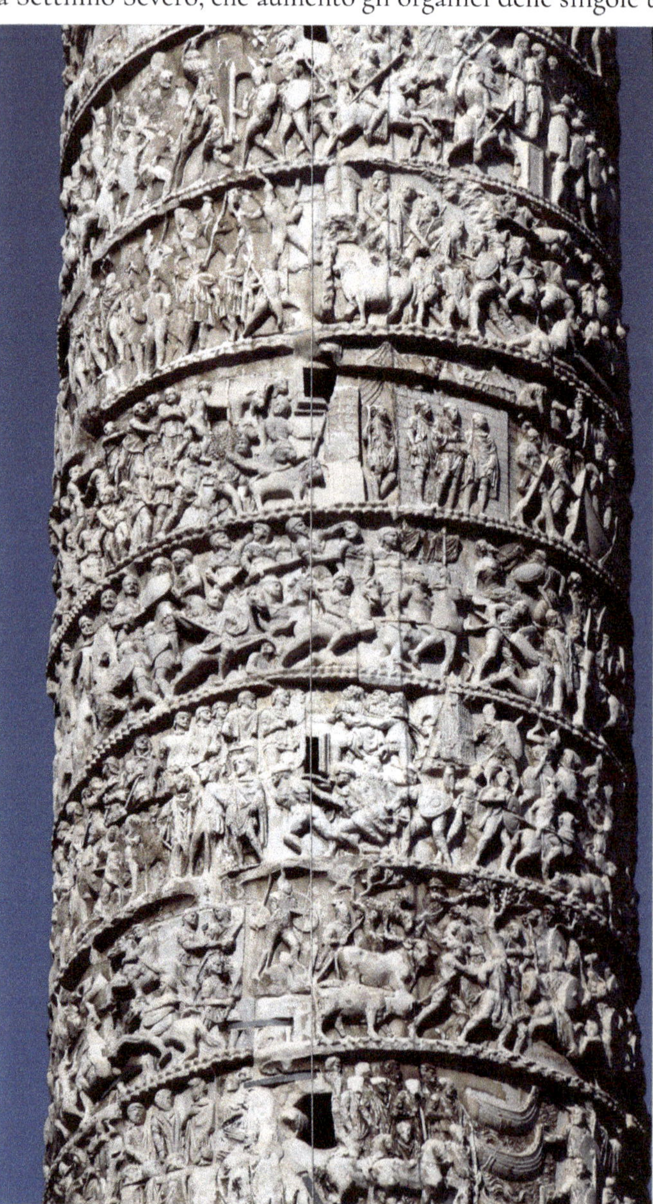

Il loro coordinamento era compito del prefetto del pretorio e, inizialmente, solo tre coorti erano di stanza a Roma, mentre le altre erano dislocate in diverse località italiane. Nel 20 d.C. furono tutte richiamate nella capitale e acquartierate nei *castra praetoria*, che saranno la loro caserma fino allo scioglimento del corpo avvenuto nel 312.

Furono spesso impegnati in battaglia, sia come guardia del corpo del *princeps*, quando era presente, sia come riserva strategica: si distinsero a Idistavisio con Germanico, in Germania con Caligola, in Britannia con Claudio e in Dacia e *Parthia* con Traiano. Quando erano al seguito dell'esercito, svolgevano anche compiti di polizia militare e per i servizi ordinari e venivano impiegati per sedare rivolte e ammutinamenti, come in Pannonia nel 9 d.C. Per conto dell'imperatore svolgevano anche incarichi "poco puliti", come quelli di spie e di sicari, ma divennero anche famosi nel ruolo di cospiratori e assassini di Stato. Nella loro storia scongiurarono colpi di stato, ma ne organizzarono anche,

◀ **Particolare dei fregi della Colonna Traiana,** inizio II secolo d.C., Roma.

Reliefs of Traian's Column, early 2nd century AD, Rome.

▶ **Elmo imperiale italico tipo C,** fine I secolo d.C., da Cremona, Museo Stibbert, Firenze.

Imperial Italic helmet of type C, end of 1st century AD, from Cremona, Museo Stibbert, Florence.

diventato spesso l'ago della bilancia per l'elezione del nuovo *princeps*. Gli *speculatores Augusti* o *praetoriani* erano un corpo di élite di cavalleria composto da trecento uomini e comandato da un centurione, che costituivano la guardia del corpo personale del sovrano. Caratteristica degli *speculatores* erano le *caligae speculatories*, calzatura studiata esclusivamente per le loro particolari esigenze, e la *lancia speculatoria*, dotata nella parte opposta alla punta di un globo metallico, ottimo da usare come sfollagente durante i servizi di polizia.

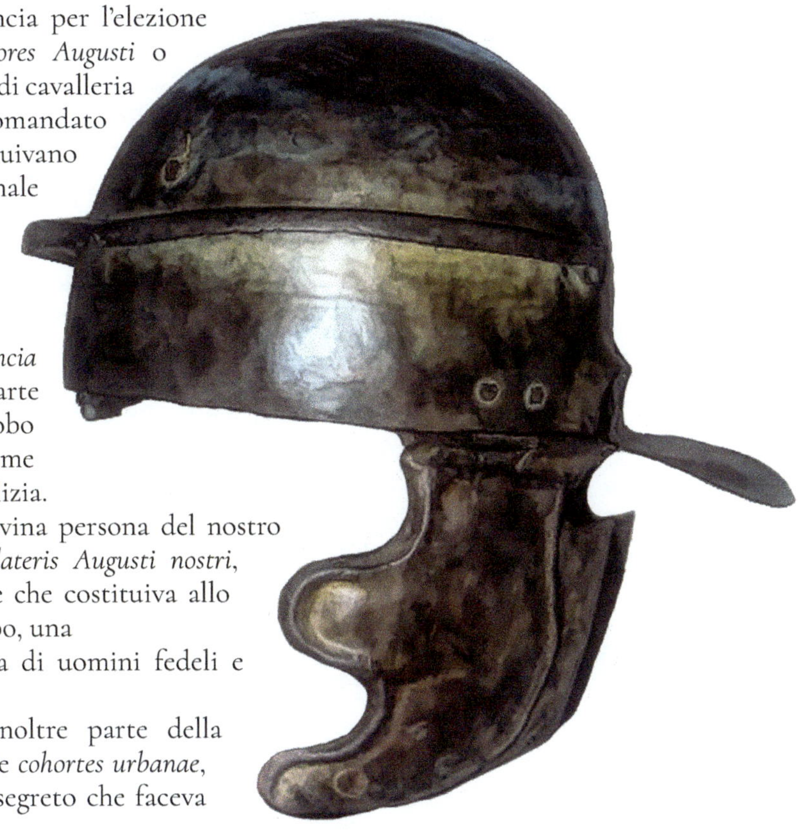

Vi erano poi le "guardie della divina persona del nostro imperatore", i *protectores divini lateris Augusti nostri*, forse composto da soli ufficiali e che costituiva allo stesso tempo una guardia del corpo, una scuola di comando e una riserva di uomini fedeli e devoti.

Le *cohortes* pretoriane faceva inoltre parte della guarnigione di Roma, insieme alle *cohortes urbanae*, alle *cohortes vigilum* e al servizio segreto che faceva capo ai *castra peregrina*.

Le coorti urbane furono costituite nel 13 a.C., allo scopo di fornire la città di un corpo di polizia all'altezza della situazione. Inizialmente erano tre coorti, numerate di seguito alle coorti pretoriane (X. XI e XII). Erano comandate da un tribuno che proveniva dalle legioni, di solito un primipilo, o dalle coorti dei vigili, il quale aveva la possibilità di rientrare nei ranghi dell'esercito o di fare carriera fra i pretoriani. Le centurie erano comandate da un centurione che aveva ai suoi ordini alcuni sottufficiali, i *principales*, i *cornicularri*, i *beneficiarii*, i *singulares*, i *signiferi*, gli *imaginiferi* e gli *optiones*, oltre che il personale contabile e i medici. I componenti delle coorti urbane erano reclutati in Italia. Durante il regno di Claudio furono portate a sei, di 500 uomini l'una, e poi a 9. Vitellio le ridusse a quattro di 1000 soldati ciascuna per tornare a 500 con Vespasiano. Settimio Severo li aumentò a 1500. Prestarono servizio non solo a Roma, ma anche a Ostia, Pozzuoli, Lione e Cartagine e, a volte, furono usate in combattimento.

I vigili avevano l'incarico di risolvere uno dei più grandi problemi di Roma, quello degli incendi. Nacquero così nel 6 d.C. le *cohortes vigilum*, cui erano demandate le attività antincendio e il servizio di polizia notturna. Le coorti erano 7, di 500 o 1000 uomini ciascuna, ognuna incaricata del controllo di due delle 14 *regiones* in cui era divisa la città. Il praefectus vigilum, di rango equestre, era al comando del corpo, aiutato da tribuni comandanti di coorte e centurioni, che provenivano da gradi intermedi dell'esercito. Il personale comprendeva anche ex-schiavi, che, al termine della ferma, della durata di 16 anni, ottenevano la cittadinanza romana.

Facevano parte della guarnigione di Roma alcuni corpi di guardie personali del princeps, come i *Germani corporis custodes*, formato da Batavi e gli *equites singulares Augusti*, composto da circa mille cavalieri reclutati fra gli *speculatores* e divisi in *turmae* con a capo un decurione.

La capitale ospitava anche un *numerus primipilariorum*, sorta di "consiglio di centurioni anziani" e un distaccamento di marinai delle *classes praetoriae* di Capo Miseno, con l'incarico di curare il velario che copriva il Colosseo e organizzare le naumachie.

REPARTI SPECIALI

A fianco delle legioni e dei reparti ausiliari, Roma si valse anche di alcuni corpi del tutto particolari, spesso ricorrendo a reclutamenti straordinari nel corso delle campagne militari. Si trattava di forze arruolate e impiegate negli stessi luoghi di provenienza e quasi sempre congedate al termine delle operazioni. Germanico, per esempio, impiegò, durante l'invasione della Germania del 14 d.C.
, le *tumultuariae catervae*, al cui comando vi erano prefetti *levis armaturae* romani, cui furono affidati compiti esplorativi e di guarnigione.

Ma a partire dal II secolo d.C., la tendenza a utilizzare tutte la risorse umane disponibili portò al cambiamento del sistema di reclutamento dei legionari e degli ausiliari, che divenne a carattere regionale, e cioè non più legato al paese d'origine dei reparti, ma al luogo dove si prestava servizio. Nacque così l'esigenza di affiancare a queste forze contingenti formati da etnie poco o per nulla romanizzate e di consistenza inferiore a quella delle coorti e *alae* ausiliarie. Tali reparti, chiamati *numeri* e la cui entità variava dai 300 ai 900 combattenti, potevano essere di fanteria, cavalleria o misti ed erano arruolati presso popoli alleati o barbari. Traiano fu il primo a costituire tali *numeri*, reclutandoli prevalentemente tra i Germani, i Pannonici, i Reti, i Siriaci, i Sarmati e i nord Africani. Caratteristica di queste unità, che assumevano il nome della regione di provenienza, era il mantenimento dei propri costumi, sia per quel che riguardava il vestiario che per l'equipaggiamento e gli armamenti.

I *numeri* di fanteria non ebbero lunga vita, venendo assimilati nei reparti ausiliari già durante il III secolo d.C. Quelli di cavalleria, invece, sopravvissero per tutta la durata dell'impero, alcuni diventando famosi, come il *numerus Palmyrenorum*, composto di arcieri, il *numerus Vocontiorum* e *l'ala I Ulpia dromadarvorum miliaria*, di stanza in Siria nel II secolo, che montava su dromedari in luogo dei cavalli. Traiano, memore dei catafratti parti che tanti problemi avevano creato alle legioni romane, ne reclutò

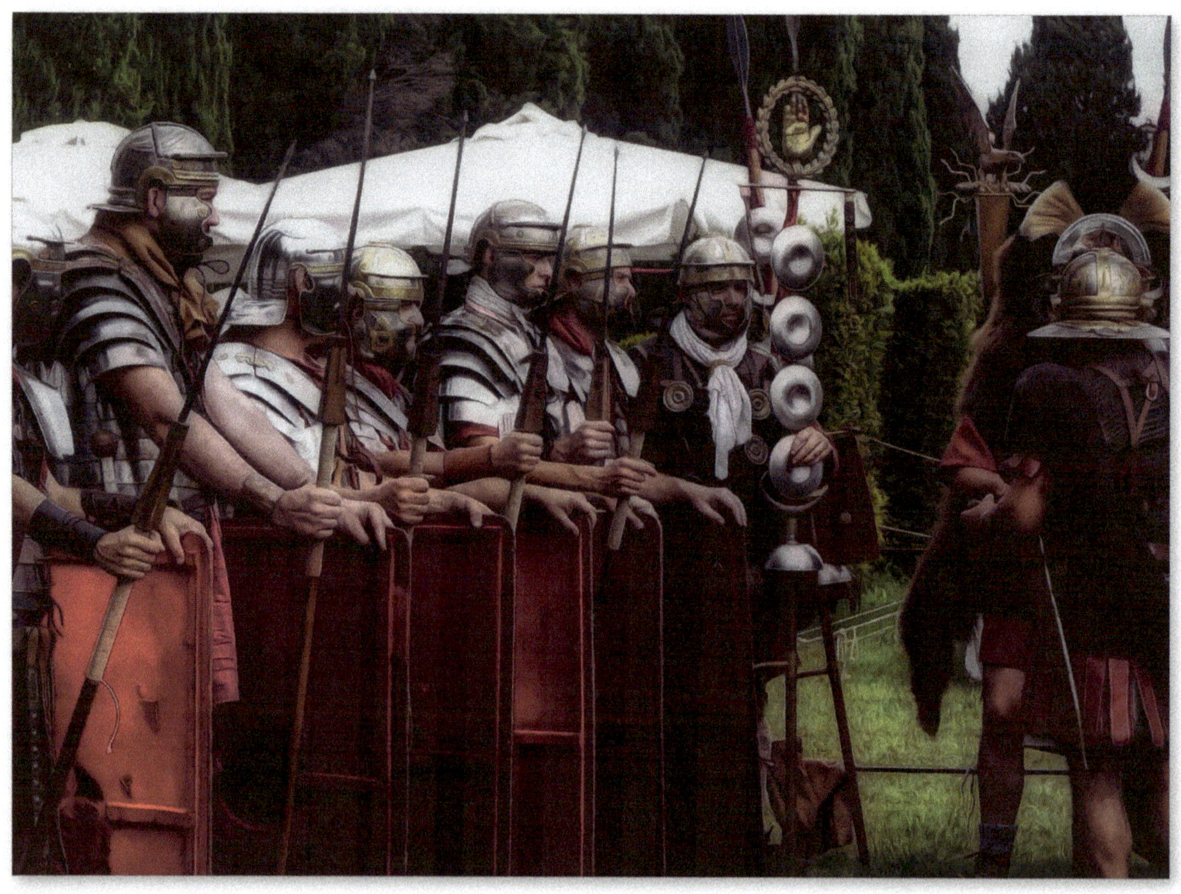

diversi *numeri*. Si trattava di cavalleria pesante completamente corazzata, armata di *contus*, la lancia lunga tipica dei popoli degli altopiani iranici, che veniva impugnata a due mani (Traiano, affascinato da tale arma creò addirittura *l'ala Ulpia contariorum civium Romanorum*). Furono impiegati soprattutto contro popolazioni che disponevano anch'esse di tali cavalieri, come gli Alani e i Sarmati, che, una volta sconfitti, venivano poi costretti a servire tra le file dell'esercito romano. Esempi ne sono *l'ala I Gallorum et Pannoniorum cataphractata e l'ala nova firma miliaria cataphractaria*.

Capo del *numerus* era un prefetto o un tribuno, chiamato *praepositus*: doveva essere romano, mentre le truppe che costituivano i *numeri* pare non potessero acquisire la cittadinanza romana.

Re clienti di Roma dimostrarono la loro fedeltà inviando truppe a supporto delle legioni, come Antioco IV di Commagene durante la rivolta ebraica del 66 d.C. Parte delle truppe inviate da Deiotaro, re di Galazia, ad Augusto, essendo addestrate "alla romana", rimasero in servizio permanente presso l'esercito romano, andando a costituire la *Legio XXII Deiotariana*.

GLI AUSILIARI

In età imperiale gli *auxilia* svolsero un ruolo molto importante nell'ambito dell'esercito, tanto che il loro numero andò ad eguagliare, e poi superare, quello dei legionari. Gli ausiliari erano suddivisi in reparti di fanteria, le *cohortes*, e di cavalleria, le *alae*, ciascuna della forza di 500 o 1000 uomini. Le *cohortes quingenaries* erano i realtà composte da 480 soldati divisi in sei centurie di 80 uomini, ognuna al comando di un centurione, mentre quelle *miliariae* da 800 ausiliari, organizzati in dieci centurie. Le *alae quinquenaries* contavano 512 cavalieri divisi in 16 *turmae* di 32 uomini l'una, quelle *miliariae* da 768 *equites* su 24 *turmae*. Vi erano poi le unità miste, o *cohortes equitate*, composte da circa 500 o 800 fanti e 120 o 240 cavalieri, a seconda che fossero quinquenarie o miliarie. I contingenti ausiliari si identificavano mediante l'indicazione della nazionalità dei combattenti, di solito tutti originari della stessa località, o del tipo di armamento di cui erano dotati. Un esempio sono gli arcieri siriaci, i frombolieri delle Baleari, e i reparti di cavalleria originari della Gallia, della Germania e del nord Africa, come i cavalleggeri numidi e mauri.

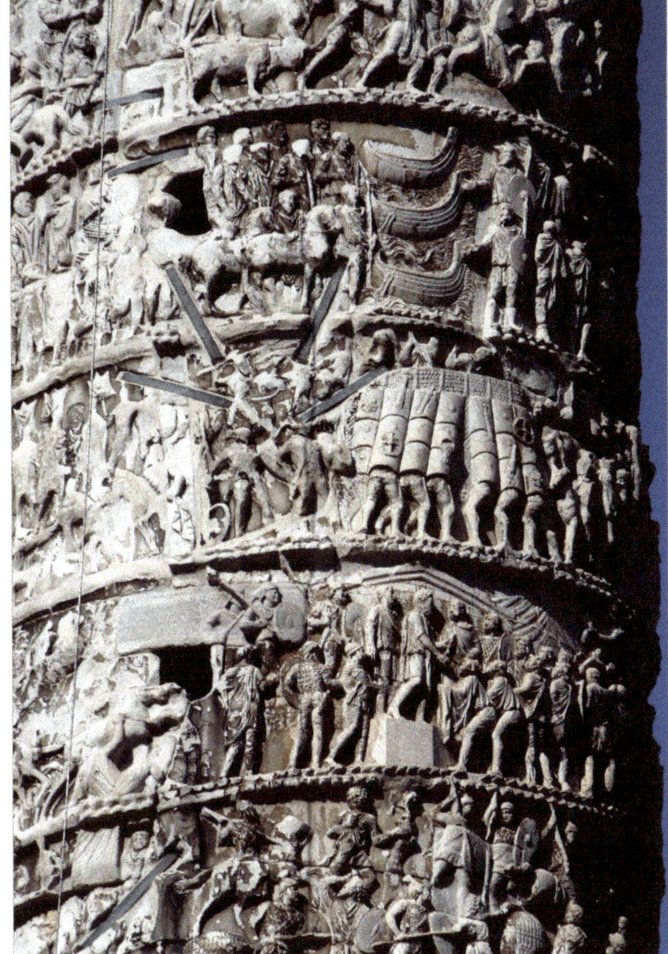

► **Particolare dei fregi della Colonna Traiana,** inizio II secolo d.C., Roma.
Reliefs of Traian's Column, early 2nd century AD, Rome.

◄ **Schieramento di legionari** con signifero e centurione, I secolo d.C., gruppo di ricostruzione Associazione Culturale Legio I Italica di Villadose (Rovigo).
Legionary rank with vexillifer and centurio, 1st century AD, Associazione Culturale Legio I Italica reenactors group of Villadose (Rovigo), Italy.

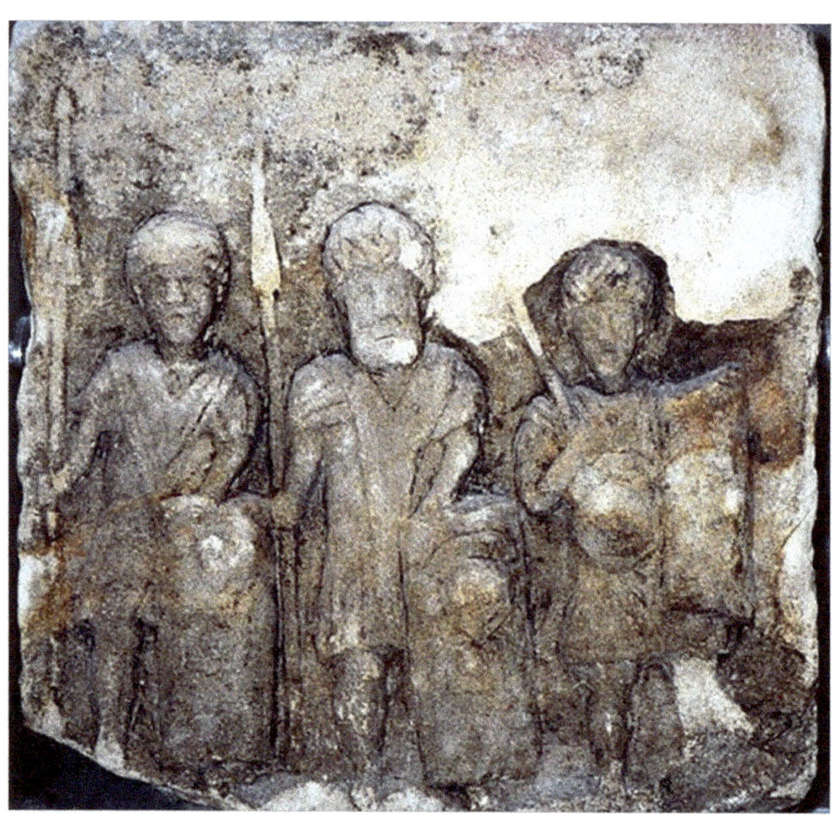

◀ **Bassorilievo di Croy Hill**, Vallo Antonino, con tre legionari, probabilmente padre e figli, metà II secolo d.C., Museum of Scotland, Edimburgo.

Relief of stone from Cry Hill, Antoninum Vallum, probably three legionaries, father and his sons, midlle of 2nd century AD, Museum of Scotland, Edimburgh.

▶ **Elmo di cavalleria ausiliaria tipo A**, fine II secolo d.C., dalla collezione Guttmann, Berlino.

Auxiliary Cavalry helmet of type A, end of 2nd century AD, Guttman collection, Germany.

La maggioranza degli ausiliari, soprattutto la fanteria, erano però equipaggiati come i legionari, con gradi simili e forniti di *signa* e *vexilla*, ma non dell'aquila. Buona parte della cavalleria dell'esercito era fornita dagli *auxilia*.

L'ausiliario che prestava servizio nell'esercito romano, al termine della ferma, aveva diritto ad ottenere la cittadinanza romana.

Augusto fu il primo a codificarne il reclutamento e il loro impiego, che divenne sempre più diffuso anche in assenza delle legioni, trasformando le unità ausiliarie in forze regolari e professionali. La leva rimase a carattere regionale, con l'impiego degli *auxilia* per lo più nella zona di origine. Nei primi due secoli del Principato raggiunsero il numero di 150.000, provenienti non solo dalle terre di confine, ma da tutti gli angoli dell'impero e furono impiegati non solo durante le campagne di conquista, ma anche per la difesa del *limes* e per sedare rivolte interne.

La riforma di Vespasiano stabilì che gli *auxilia* dovessero prestare servizio in luoghi diversi da quelli di provenienza, per evitare che potessero appoggiare qualche insurrezione della popolazione amica, ma, nella realtà, si cominciò a reclutare le forze ausiliarie nei paesi dove prestavano servizio, mantenendo però la loro denominazione originaria. Il reclutamento nei paesi d'origine dei reparti rimase d'obbligo solo per le unità specialistiche, come quelle degli arcieri o di cavalieri dotati di equipaggiamenti speciali, come i catafratti.

Sotto Adriano fu permesso agli *auxilia* di adoperare il proprio grido di guerra durante i combattimenti e, alla fine del II secolo d.C. furono concessi doni in denaro agli ausiliari i cui figli avessero intrapreso la carriera delle armi. In quegli anni, la divisione fra forze legionarie e ausiliarie andò sempre più assottigliandosi, venendo meno prima della fine del III secolo d.C.

Nell'84 d.C. gli ausiliari batavi furono gli assoluti protagonisti della vittoriosa battaglia di Agricola al Monte Graupio, in Britannia.

LO SPIONAGGIO

L'esercito romano aveva un suo servizio segreto, che fu regolamentato durante il principato di Traiano. Il corpo era composto per lo più da soldati con la qualifica di *frumentarii*, coloro che nelle legioni erano originariamente addetti al rifornimento di viveri. Proprio perché incaricati dell'approvvigionamento, i *frumentarii* dell'esercito operavano spesso in zona di operazioni e in territorio ostile e dovevano perciò essere militari in grado di fare fronte alle più diverse ed improvvise situazioni ed essere abili a valutare le caratteristiche del terreno e di coloro che incontravano. In territorio nemico potevano trovarsi nella stessa situazione degli *speculatores*, di osservare cioè movimenti di truppe, caratteristiche essenziali del teatro operativo o essere coinvolti nel primo ingaggio con l'avversario. Quanto furono organizzati i servizi di sicurezza presso i *castra peregrina*, traendone gli effettivi dall'esercito, una percentuale notevole fu composta da *frumentarii*.

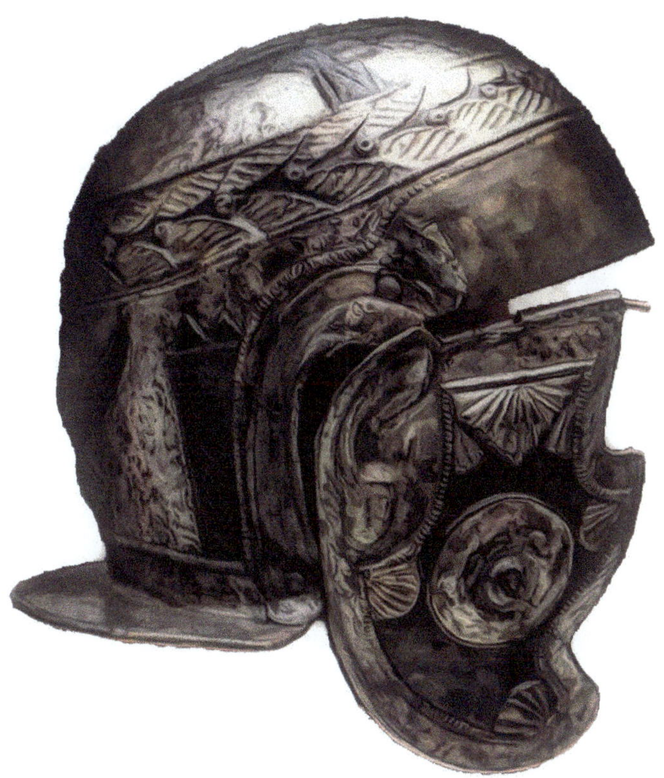

A Roma prestava servizio un *numerus* di 300-400 *frumentarii*, comandati da un *centurio frumentarius*, coadiuvati nelle loro attività di servizio segreto da *speculatores*, da *centuriones deputati e centuriones supernumerari*. Gli *speculatores*, guide di cavalleria, svolgevano da sempre attività di ricognizione e di intelligence . La sede del servizio di informazioni a Roma era presso i *castra peregrina*, sul monte Celio, e proprio da questa caserma presero il nome i *peregrini*, corpo di ufficiali e sottufficiali incaricati della gestione amministrativa del reparto e di inquadrare gli uomini dei servizi segreti. L'attività dei servizi era molto varia e nell'Urbe riguardava lo spionaggio ai danni di persone vicine all'imperatore, l'esecuzione di operazioni "speciali" e di "lavori sporchi", il trasporto e recapito di lettere e documenti ufficiali. I messaggi e le informazioni erano inviati in via riservata, criptati, sia in spesso tempo di pace che di guerra.

Al di fuori dei *castra peregrina*, ma con loro in contatto, esistevano altri *frumentarii*, sparsi per tutto l'impero, con incarichi di spionaggio o funzioni di polizia politica, facenti probabilmente parte dei quadri dei governatori provinciali.

ACCAMPAMENTI E FORTI

Il soldato romano divenne famoso anche per la rapidità e la precisione con cui edificava l'accampamento, il *castrum*, al termine di una giornata di marcia e, a volte, anche alla presenza del nemico. Lo storico Polibio descrive con chiarezza un *castrum* del periodo repubblicano che, con poche varianti, era uguale a quello dei primi secoli del Principato, e serviva da alloggiamento a due legioni e ai corrispondenti ausiliari, un totale di 24000 uomini. Si trattava di un quadrato di 666 metri per lato, con la fronte rivolta verso il nemico o nella direzione di marcia. I *gromatici* e i *mensores* sceglievano il terreno, che veniva fortificato mediante un rilievo in terra alto un metro e largo tre (aggere) e uno o più fossati scavati sul davanti, a sezione triangolare, di larghezza e profondità variabile. Per la palizzata venivano usati i *pila muralia*, elementi di legno che facevano parte del bagaglio del legionario, quando si trattava di mantenere il campo una sola notte. Se invece il castrum veniva utilizzato per più giorni, l'aggere e la palizzata erano rinforzati con pali tagliati per l'occasione e, sulla parte esterna, con una graticciata, per trattenere la terra di riporto dell'aggere e formare un riparo merlato alto un metro e mezzo circa. Tale sistema difensivo, ulteriormente rinforzato da postazioni per macchine da guerra e torrette da avvistamento, si chiamava *vallum*.

Tra il *vallum* e l'accampamento vero e proprio veniva lasciato uno spazio di circa 60 metri, detto *intervallum*. All'interno del *castrum* vi erano due vie perpendicolari, la *principalis* e la *decumana* o *praetoria*: un'altra via, la *quintana*, correva parallela alla *principalis*. In prossimità del *vallum* si aprivano quattro porte, ognuna su un lato dell'accampamento e in corrispondenza delle vie, da cui prendevano il nome (es. *porta decumana, porta pretoria...*). L'ingresso alle porte era difeso da una rientranza dell'aggere verso l'interno del *castrum*, in modo da costituire un percorso obbligatorio per chi doveva entrare. Al centro dell'accampamento vi era il pretorio dove era alzata la tenda del comandante, circondata dagli alloggi degli ufficiali superiori e della guardia del corpo. Davanti al pretorio, sulla via decumana, sorgeva il foro, intorno al quale erano accampate tutte le componenti dell'esercito, disposte in ordine di importanza dal centro alla periferia. Alle spalle del pretorio erano alloggiati gli alleati e i cavalieri. Nell'accampamento vi erano anche i magazzini alimentari, le officine e l'infermeria.

La tipologia del campo era la stessa sia che si trattasse di *castra* permanenti o comunque destinati a una lunga sosta, gli *stativa*, o provvisori, addirittura giornalieri, i *subita tumultuaria*. Non cambiava, se non nelle dimensioni, neanche quando accoglieva quattro, sei o otto legioni con i corrispettivi ausiliari. Le truppe erano accantonate sotto tende di pelle o baracche di legno o pietra, a seconda di che tipo di *castra* si trattasse e delle condizioni climatiche. «Costruito l'accampamento i soldati si sistemavano in bell'ordine ognuno nel suo reparto. E anche tutte le altre operazioni vengono da loro compiute con disciplina e sicurezza, e così ai rifornimenti di legna e di vettovaglie e di acqua, quando ne hanno bisogno, provvedono con apposite squadre. Nessuno è libero di pranzare o cenare quando vuole, ma si

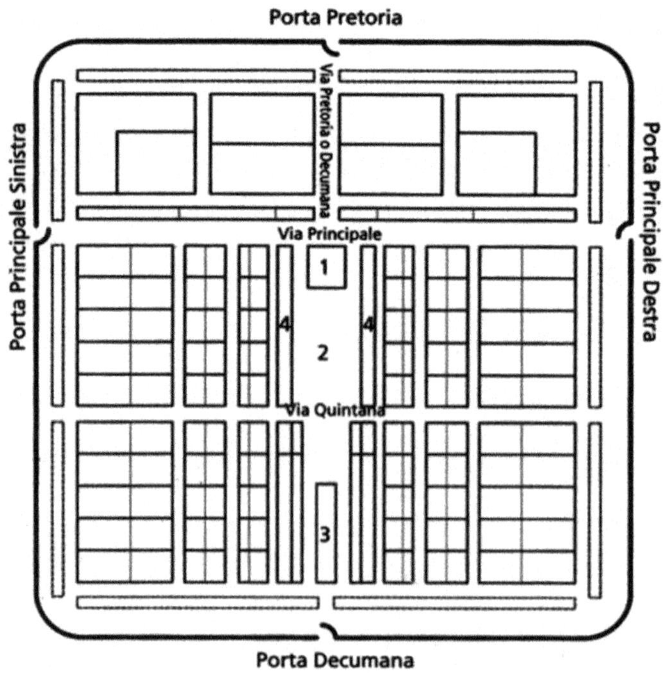

Accampamento descritto da Polibio
1 Pretorio
2 Foro
3 Questorio
4 Guardia del corpo del comandante

rifocillano tutti insieme, e così dalle trombe viene impartito l'ordine di dormire, dei turni di guardia e di svegliarsi, e non c'è operazione che si compia senza comando. All'alba tutti i soldati si presentano ai centurioni, e poi questi a loro volta vanno a salutare i tribuni e insieme con costoro tutti i comandanti si recano dal generale in capo; questi, come di consueto, dà loro la parola d'ordine e le altre disposizioni da impartire ai subordinati», Flavio Giuseppe, *Guerra Giudaica, III, 5, 3.*
Se il campo rimaneva stabile per anni, diventava spesso il nucleo intorno al quale sorgeva una città.
L'imperatore Adriano fece costruire nel 127 d.C., sul confine settentrionale della Britannia, un sistema difensivo, il *vallum*, che correva per 118 chilometri tra le attuali Solway e Wallsend. Era costituito da un muro di pietra alto circa sei metri, davanti al quale correva un profondo fossato. Lo scopo era quello di fornire un primo

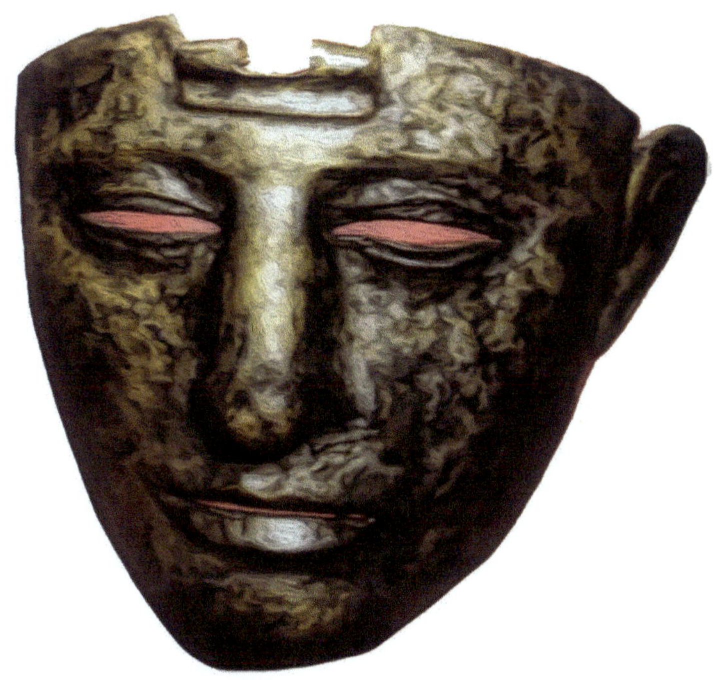

▲ **Maschera facciale da cavalleria tipo D** in bronzo argentato, II secolo d.C., Rijksmuseum van Oudheden, Leiden.
Cavalry face mask of type D in silvered bronze, 2nd century AD, Rijksmuseum van Oudheden Leiden.

ostacolo a eventuali incursioni barbare. Ogni miglio romano, 1,6 km circa, era costruito un fortino, nel quale stazionavano soldati di guardia, e tra due fortini sorgevano due torrette. Le torrette erano 160 e i fortini 80, ma, intercalati tra essi, si trovavano anche diciassette forti più grandi, i *castella*, nei quali erano dislocati reparti di ausiliari con l'incarico di fornire la prima difesa contro i nemici. Alle spalle si trovavano i grandi campi delle legioni, pronte a intervenire in caso di pericolo più grave. Questo tipo di fortificazione stabile del *limes*, fu poi realizzato anche sul Reno e sul Danubio.

LA RELIGIONE E LA SANITÀ NELL'ESERCITO

A Giove, buonissimo e grandissimo, a Giunone, a Minerva, a Marte, alla Vittoria, a Ercole, alla Fortuna, a Mercurio, alla Felicità, alla Sanità, ai Destini, alle divinità del terreno di esercizio, a Silvano, ad Apollo, a Diana, a Epone, alle Madri Sulevie e al Genio delle guardie del corpo dell'imperatore...» era l'inizio della formula con cui i legionari si rivolgevano a tutti gli dei e tutte le dee, che erano *boni* (buoni), *hospites* (ospitali), *salutares* (assicurano la salute), *iuvantes* (soccorrevoli), *fautores* e *conservatores* (difendono e preservano dal male).
Per soddisfare tutte queste divinità, i soldati romani celebravano un certo numero di riti, alcuni civici, e cioè praticati da tutti gli uomini liberi del tempo, nei quali i legionari si comportavano come i semplici cittadini, con la differenza che nell'esercito i riti erano collettivi, compiuti dal reparto nel suo insieme e officiati dai quadri o dagli ufficiali a nome di tutti.   Il più importante era celebrato dallo stesso imperatore, quando, all'inizio di una campagna militare, sacrificava un maiale, un ariete e un toro (suovetaurilio) al suono della musica militare e di fronte alle truppe schierate (Sulle colonne Traiana e Antonina gli imperatori Traiano e Marco Aurelio vengono rappresentati mentre celebrano questo rito).
Gli altri riti celebrati erano detti "guerrieri", perché avevano un contenuto esclusivamente militare. La

costituzione dell'esercito era il *sacramentum*, che legava il soldato all'imperatore alla presenza degli dei. La *lustratio* era la cerimonia con cui si purificava l'esercito prima di inoltrarsi nel territorio nemico: per l'occasione si ricorreva a un suovetaurilio. Quando i feziali dichiaravano la guerra, aprivano le porte dei tempio di Giano, divinità che da sempre aiutava i Romani durante i combattimenti, e le chiudevano solo al termine del conflitto. L'*evocatio* consisteva nell'appello a Roma degli dei dell'avversario, mentre la *devotio* era il sacrificio supremo, con il quale il soldato si immolava in battaglia offrendo la propria vita agli dei in cambio della vittoria.

Ottenuto il successo, i Romani onoravano ancora gli dei, con la sepoltura dei caduti e la costruzione di trofei in loro ricordo; il più famoso di tutti è il *Tropaeum Traiani*, realizzato ad Adamklissi dai legionari di Traiano al termine delle guerre daciche. Anche il trionfo era una sorta di rito guerriero, concesso dal Senato ai generali vittoriosi fino al 19 d.C., dopo di che divenne esclusiva del solo imperatore, lasciando ai suoi comandanti esclusivamente gli *ornamenta triomphalia*. Il trionfo era una celebrazione religiosa appartenente alla categoria delle processioni. Il generale vittorioso, su di un carro trainato da quattro cavalli bianchi e vestito di una tunica porpora decorata da stelle dorate, rappresentava Giove e impugnava uno scettro dorato sormontato da un'aquila e un ramo di alloro. Dietro di lui un giovane schiavo recava una corona d'alloro dorata e ricordava in continuazione al trionfatore il fatto di non essere altro che un uomo. I soldati che seguivano la processione si facevano beffa del loro comandante, per calmare l'invidia che gli dei potevano provare per lui. Seguivano poi il bottino, i vinti, di persona o rappresentati da simboli, e le vittime del sacrificio. Il trionfo si celebrava a Roma e il percorso andava dal campo di Marte al Campidoglio, passando per il Foro.

I soldati celebrava gli stessi dei in cui credevano tutti gli abitanti dell'impero, con particolare predilezione per quelli che potevano proteggerli in guerra, i cosiddetti *dii militares*. Questi ultimi erano divisi in quattro categorie: alla prima, quella dei grandi dei, appartenevano Giove, Minerva, Silvano, Giano, Marte, Ercole e i Lari. Vi erano poi le astrazioni divinizzate, come la Vittoria, la fortuna, la Disciplina e l'Onore, il più celebrato dei quali era l'*Honus Aquilae*, l'Onore dell'Aquila, emblema e simbolo sacro della legione. La terza categoria era quella dei Geni, esseri simili agli angeli della tradizione cristiana, che vegliavano su edifici, sul campo, sull'ospedale, sulla legione, la centuria, gli *auxilia, i numeri* e tutti gli altri reparti esistenti. Ultima categoria, tipicamente militare, comprendeva le insegne, di cui si festeggiavano gli anniversari: aquila, signa e vexilla venivano, per l'occasione, adornati di fiori. L'imago, insegna con l'immagine dell'imperatore, portata dall'imaginifer, era il simbolo del culto che i soldati, soprattutto i pretoriani e gli ausiliari, provavano nei confronti del sovrano. Altro culto celebrato era quello per i morti.

Gli dei non romani erano celebrati soprattutto dai militari che, prestando servizio nei numeri, appartenevano a etnie di origine barbarica e quindi compivano riti alle divinità originarie delle loro terre. Ma quando si entrava in un territorio nemico era comunque usanza mettersi sotto la protezione

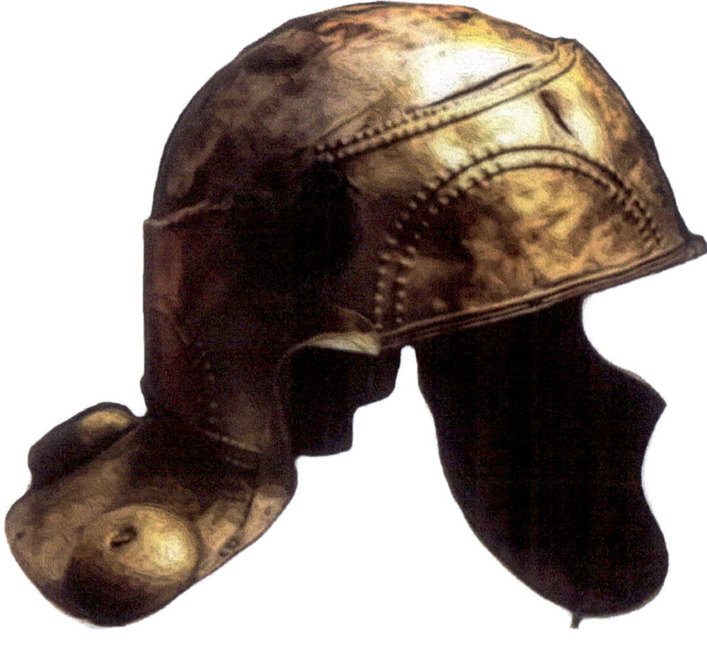

degli dei locali: più dei ti proteggevano, meglio era.

I cristiani, durante i primi due secoli del principato, rimasero quasi totalmente fuori dall'esercito, soprattutto per l'impossibilità di conciliare gli dei militari con il loro dio e di giurare fedeltà all'imperatore senza compiere spergiuro.

Il servizio di sanità militare fu regolamentato durante il regno di Augusto. Ogni coorte di legionari e ausiliari aveva un proprio *medicus* e un *capsarius*, incaricato di custodire attrezzi e strumenti chirurgici. Dipendevano dal *praefectus castrorum*, erano equipaggiati come gli altri soldati, ma erano *immunes* dai servizi. Ricevevano una paga superiore a quella dei semplici legionari, ma non potevano essere pagati per le loro prestazioni in servizio.

Il primo soccorso veniva prestato sui campi di battaglia, perché i medici portavano con sé strumenti chirurgici e medicamenti: all'interno degli accampamenti stabili si trovavano ospedali costruiti in muratura che potevano ospitare fino a duecento uomini ciascuno, completi di camere per degenti, cucine e servizi igienici.

LE LEGIONI

Al termine della guerra civile, Augusto mise mano a una sostanziale riorganizzazione dell'esercito, riducendo a 28 il numero delle legioni, sessanta, che erano rimaste ai suoi ordini dopo il 31 a.C.

Ogni legione fu designata con un numero, un nome e, a volte, un soprannome. Questo sistema non seguì sempre una logica rigorosa, sia perché le legioni erano restie ad abbandonare la propria identità cambiando il numero che le aveva contraddistinte, sia perché gli imperatori successivi arruolavano nuove legioni numerandole ogni volta a partire dal numero I.

I nomi delle legioni a volte esprimevano virtù marziali, come *Ferrata* o *Fulminata*, a volte commemoravano regioni da cui le unità provenivano o in cui avevano servito con onore, altre ottenevano, per meriti speciali, il nome del *princeps*, come Claudia o *Ulpia*. Gli imperatori inoltre conferivano loro titoli onorifici, come *Martia Victrix o Pia Fidelis*. Le legioni scomparivano solo se distrutte in battaglia (a Teutoburgo furono annientate la XVII, XVIII e XIX, mentre in Britannia la IX *Hispania*) o quando cadevano in disgrazia presso il *princeps*.

I legionari erano orgogliosi della propria unità, ne tramandavano le tradizioni da una generazione all'altra di soldati e disprezzavano le altre legioni. Quando non ne erano già in possesso, alle reclute veniva concessa la cittadinanza romana e dovevano servire per 16 anni, ai quali si aggiungevano altri quattro come veterani. Questi ultimi rimanevano con la loro legione, ma erano esenti dai turni di guardia e dai servizi pesanti, obbligati a combattere solo a difesa del campo. Negli ultimi anni del suo regno, Augusto estese la ferma a 20 anni con 5 da veterano.

▲ **Lastra tombale di Lucius Sertorius Firmus,** aquilifero della Legio XI Claudia Pia Fidelis, fine I sec. d.C., Museo di Verona.

Tombstone of Lucius Sertorius Firmus, aquilifer of LegioXI Claudia Pia Fidelis,1st century AD, Museo of Verona, Italy.

◀ **Elmo di cavalleria ausiliaria** tipo B, I secolo d.C., da Witcham Gravel, Ely, Cambridgeshire, ora al British Museum, Londra.

Auxiliary Cavalry helmet of type B, 1st century AD, from Witcham Gravel, Ely, now in the British Museum, London.

La legione contava circa 5.000 uomini, quasi tutti fanti, organizzati in dieci coorti, di tre manipoli o sei centurie l'una, ad eccezione della prima coorte, che, a partire dalla fine del principato di Augusto, era costituita da cinque centurie di consistenza doppia rispetto alle altre. La centuria era composta da 80 uomini al comando di un centurione, mentre quella della I coorte era costituita da 160 soldati. La centuria era divisa in dieci sezioni, venti quella della prima coorte, i *contubernia*. Gli otto uomini del *contubernium* occupavano nell'accampamento una tenda o un paio di stanze, dove i soldati vivevano e mangiavano insieme. All'organico della legione si aggiungevano un distaccamento, *vexillum*, di veterani, al comando di un curatore, di un tribuno o di un centurione, chiamato *triarius ordo*, e un reparto di 120 cavalieri, le cui *turmae* erano guidate da centurioni invece che decurioni.

I quadri comprendevano un *legatus legionis*, comandante della legione e appartenente al rango dei senatori; sempre senatore, ma più giovane e senza esperienza militare, era il *tribunus laticlavius*, secondo in comando. In ordine di importanza veniva il *praefectus castrorum*, un ex centurione di provata esperienza, responsabile del campo. Provenienti dall'ordine equestre erano i cinque *tribuni angusticlavii*, ognuno responsabile di due coorti e il *tribunus sexmenstris*, al comando della cavalleria. I centurioni erano cinquantanove chiamati, in ordine di dignità, *hastatus posterior, hastatus prior, princeps posterior, princeps prior, pilus posterior e pilus prior*. I centurioni della prima coorte erano conosciuti come *primus pilus, princeps, princeps posterior, hastatus, hastatus posterior* e godevano di un immenso privilegio nell'ambito della legione, avendo diritto a una baracca propria all'interno dell'accampamento. Il *primus pilus* era a capo di tutti i centurioni e veniva consultato, per la sua esperienza, dai tribuni e dal legato prima di ogni decisione importante.Gli uomini della prima coorte erano probabilmente scelti tra i migliori della legione o fra i veterani. Affiancavano il centurione nel comando della centuria alcuni ufficiali subalterni, i *principales,* come l'*optio*, il *signifer* e il *tesserarius*.

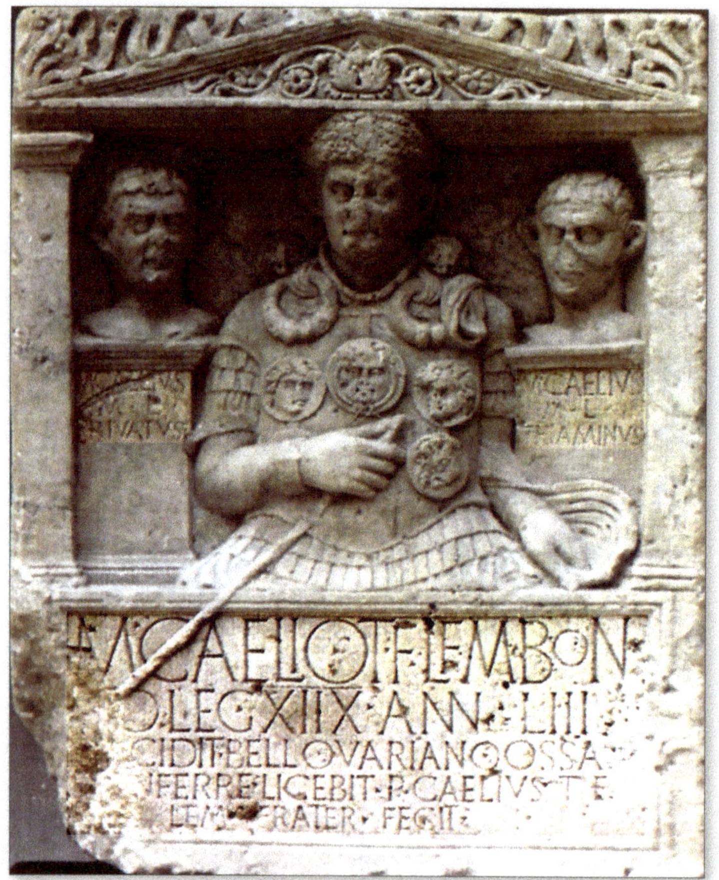

◄ **Lastra tombale di Marcus Celius,** centurione della Legio XVIII, distrutta a Teotoburgo, 9 d.C., Rheinisches Landesmuseum, Bonn, Germania.

Tombstone of Marcus Celius, centurion of Legio XVIII, destroyed at Teutoburgh, AD 9, Rheinisches Landesmuseum, Bonn, Germany.

► **Elmo imperiale gallico tipo G,** inizio I secolo d.C., copia nel RGZ Museum Mainz, Germania.

Imperial Gallic helmet of type G, early 1st century AD, copy in the RGZ Muesum Mainz, Germany.

Le legioni che servirono durante i primi due secoli del principato furono:

I Germanica Augusta: emblema il leone di Pompeo, simbolo il capricorno, fondata da Pompeo Magno. Luogo di reclutamento Italia e Spagna. Servizio: Spagna, Gallia, *Colonia Agrippinensis, Bonna.* Onori: guerra cantabrica, 29-20 a.C., campagna di Germania, 15-5 a.C., battaglia di Idistavisto, 15 d.C., battaglia di Angivar, 15 a.C., battaglia del Ponte Lungo, 15 a.C., prima battaglia di Bedriaco, 69 d.C., battaglia dei Campi Veteri, 70 d.C.

I Adiutrix Pia Fidelis: emblema pegaso, simbolo il capricorno, fondata da Galba nel 68 d.C. Luogo di reclutamento Gallia Narbonense e Italia. Servizio: Miseno, Spagna, Magonza, Sirmione, *Brigetio,* Dacia, *Parthia.* Onori: Campi Veteri, 70 d.C., campagne di Dacia, 101-106 d.C., campagna di Parthia, 114-116 d.C., guerre germaniche, 161-180 d.C.

I Italica: emblema il cinghiale, simbolo il capricorno, fondata da Nerone nel 66 d.C. Luogo di reclutamento Italia. Servizio: Gallia Cisalpina, *Lugdunensis, Novae,* Dacia, *Novae.* Onori: battaglia di Bedriaco, 69 d.C., campagne di Dacia, 101-106 d.C., campagna di *Parthia,* 114-116 d.C., guerre germaniche, 167-175 d.C.

I Flavia Minervia Pia Fidelis: emblema testa di Gorgone, simbolo il l'ariete, fondata da Domiziano nell'82 d.C. Luogo di reclutamento le province. Servizio: *Bonna,* Mesia, Dacia, *Bonna,* Siria, *Bonna, Lugdunum, Bonna.* Onori: campagna contro i Catti, 83 d.C., campagne di Dacia, 101-106 d.C., campagna di *Parthia,* 161-166 d.C., guerre germaniche, 167-175 d.C., battaglia di *Lugdunum,* 197 d.C.

I Parthica: emblema centauro, simbolo il capricorno, fondata da Settimio Severo nel 197 d.C. Luogo di reclutamento Macedonia e Tracia. Servizio: *Parthia,* Singara e Costanza. Onori: campagne orientali del 197-201 d.C.

II Augusta: emblema pegaso, simbolo il capricorno, fondata da Pompeo Magno. Luogo di reclutamento Italia settentrionale. Servizio: Spagna, Germania, *Argentorarum,* Britannia, *Isca Dumnoniorum, Glevum, Isca,* Carpow, Richborough. Onori: guerra cantabrica, 29-19 a.C., campagna di Germania, 14-16 d.C., invasione della Britannia, 43 d.C., conquista del Galles, 80 d.C.

II Adiutrix Pia Fidelis: emblema pegaso, simbolo il capricorno, fondata da Vespasiano nel 69 d.C. Luogo di reclutamento Gallia Narbonense e Italia. Servizio: Ravenna, *Noviomagus, Lindum,* Deva, *Singidunum, Aquincum,* Dacia, *Aquincum, Siria, Aquincum.* Onori: Campi Veteri, 70 d.C., campagna contro i Briganti, 71-74 d.C., conquista del Galles, 82-84 d.C., campagne di Dacia, 101-106 d.C., campagna di *Parthia,* 161-166 d.C.

II Italica: emblema la lupa capitolina, simbolo il capricorno, fondata da Marco Aurelio nel 165 d.C. Luogo di reclutamento Italia. Servizio: Aquileia, *Locica,* Albing, *Lauriacum.* Onori: Aquileia, 169, guerre germaniche, 165-175 d.C.

II Parthica: emblema pegaso, simbolo il capricorno, fondata da Galba nel 68 d.C. Luogo di reclutamento Gallia Narbonense e Italia. Servizio: Miseno, Spagna, Magonza, Sirmione, *Brigetio,* Dacia, *Parthia.* Onori: Campi Veteri, 70 d.C., campagne di Dacia, 101-106 d.C., campagna di *Parthia,* 114-116 d.C., guerre germaniche, 161-180 d.C.

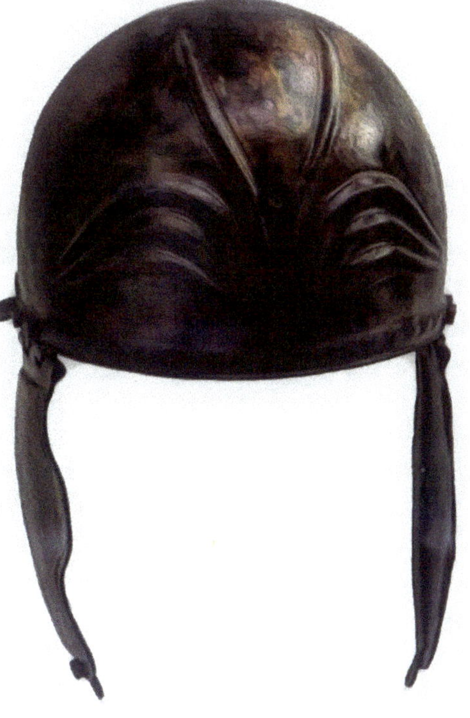

II Traiana Fortis: emblema il martello di Ercole e fulmini, simbolo l'ariete, fondata da Traiano nel 105 d.C.. Luogo di reclutamento le province Germaniche. Servizio: *Laodicea e Nicopolis.* Onori: campagna di *Parthia,* 111-114 d.C., difesa di Alessandria, 172-173 d.C.

III Augusta Pia Fidelis: emblema il leone, simbolo il capricorno, fondata da Augusto nel 19 a.C.. Luogo di reclutamento Gallia Cisalpina e nord Africa. Servizio: Africa, *Ammaedra, Tebessa e Lambaesis.* Onori: rivolta di *Tacfarina,* 17-23 d.C., battaglia di Cartagine, 238 d.C.

III Cyrenaica: "lo scudo del deserto", emblema Giove, simbolo il capricorno, fondata da Marco Antonio nel 36 a.C. Luogo di reclutamento province della Cirenaica. Servizio: Egitto, Giudea, Bostra Giudea e Bostra. Onori: assedio di Gerusalemme, 70 d.C., campagna di *Parthia,* 114-116 d.C., seconda rivolta giudaica 132-135 d.C.

III Gallica: emblema tre tori, simbolo il capricorno, fondata da Pompeo Magno, ristrutturata da Giulio Cesare. Luogo di reclutamento Gallia e Siria. Servizio: *Emesa, Apamea,* Cappadocia, Armenia, Giudea, Mesia, Roma, Capua, *Raphanea,* Giudea, *Danaba.* Onori: prima campagna d'Armenia, 58-60 d.C., seconda campagna d'Armenia, 62 d.C., prima rivolta giudaica, 66-67 d.C., guerra contro i Sarmati Roxolani, 68 d.C., seconda battaglia di Bedriaco o battaglia di Cremona, 69 d.C., battaglia di Roma, 69 d.C., seconda rivolta giudaica, 132-135 d.C.

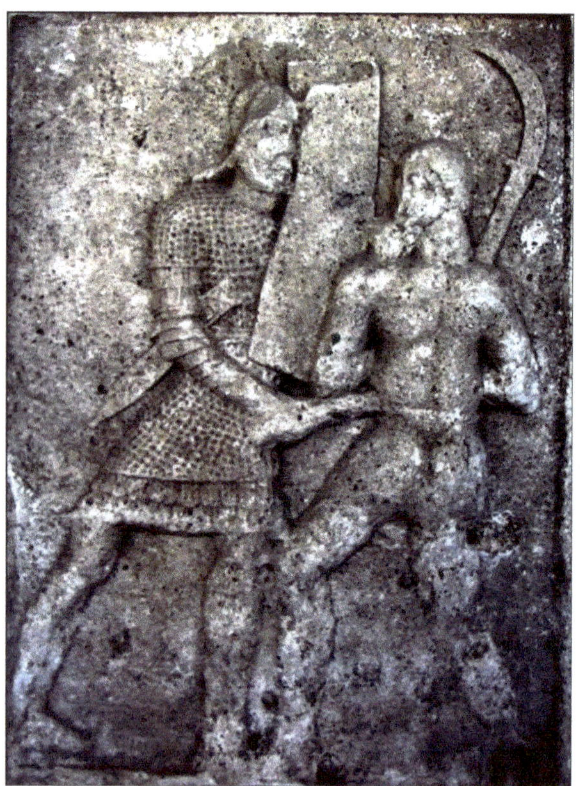

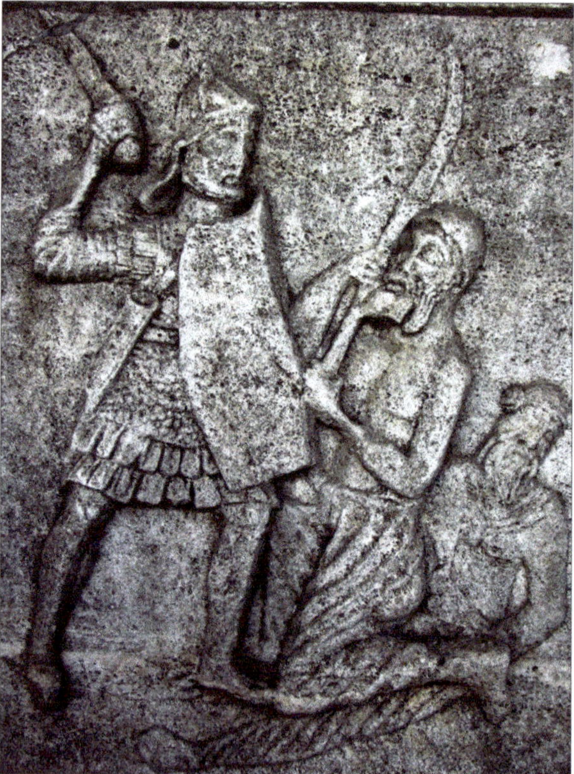

▲ **Legionari che combattono contro guerrieri daci,** dai bassorilievi del Tropaeum Traiani, Adamklissi, Romania, inizio II secolo d.C.

Roman legionary fight aginst a dacian warrior, from the reliefs of Tropaeum Traiani, Adamklissi, Romania, 2nd century AD.

▶ **Lastra tombale di Marcus Iunius Sabinianus,** periodo favio-antonino, da Atene, copia nel Museum fur Antike Schiffarth, Mainz, Germania.

Tombstone of Marcus Iunius Sabinianus, favian-antoninum period, copy in the Museum fur Antike Schiffarth, Mainz, Germany.

III Italica Concors: emblema la cicogna, simbolo il capricorno, fondata da Marco Aurelio nel 165 d.C. Luogo di reclutamento Italia. Servizio: Aquileia, Eining, *Castra Regina.* Onori: guerra contro i Marcomanni, 165-175 d.C.

III Parthica: emblema il centauro, simbolo il capricorno, fondata da Settimio Severo nel 197 d.C. Luogo di reclutamento Tracia e Macedonia. Servizio: *Parthia e Rhesana.* Onori: campagna di *Parthia,* 197-201 d.C.

IIII Macedonica: emblema il toro, simbolo il capricorno, fondata da Pompeo Magno. Luogo di reclutamento Spagna e Italia. Servizio: *Juliobriga e Magontiacum.*

IIII Flavia Felix: emblema il leone, simbolo il capricorno, fondata da Vespasiano nel 70 d.C. in sostituzione della IIII *Macedonica.* Luogo di reclutamento Dalmazia. Servizio: Burnum, *Singidunum,* Dacia, *Singidunum.* Onori: campagne di Dacia, 101-106 d.C.

IIII Scytica: emblema il toro, simbolo il capricorno, fondata da Nerone nel 66 d.C. Pompeo Magno. Luogo di reclutamento Italia e Spagna. Servizio: Macedonia, Mesia, Zeugma, Blkis, Zeugma, Sura. Onori: sconfitta di Bastarnae, 29 a.C., rivolta giudaica, 66 d.C., campagna di *Parthia,* 114-116d.C.

V Alaudae: emblema l'elefante, simbolo il cancro, fondata da Giulio cesare nel 48 a.C. Luogo di reclutamento Gallia transalpina e Spagna. Servizio: *Hispania Terraconensis,* Germania, *Vetera,* Dacia. Onori: campagne di Germania, 14-16 d.C.

V Macedonica: emblema il toro, simbolo non conosiuto, fondata da Ottaviano ne 42 a.C. Luogo di reclutamento Spagna e Mesia. Servizio: Macedonia, *Oescus, Pontus,* Armenia, Giudea, Gerusalemme, Egitto, *Oesceus,* Dacia, *Troesmis,* Siria, *Potaissa, Oescus.* Onori: campagna di Macedonia 30 a.C.- 6 d.C., seconda guerra dacica, 105-106 d.C., seconda rivolta giudaica, 134-135 d.C., campagna di *Parthia,* 161-166 d.C..

VI Ferrata Fidelis Constans: emblema il toro, simbolo i gemelli, fondata da Pompeo Magno. Luogo di reclutamento Italia, Servizio: *Laodicea, Raphanea,* Roma, Arabia, Giudea, *Caparcotna,* Africa, Mesopotamia, Arabia, *Caparcotna,* Onori: prima campagna armena, 54-58 d.C., seconda campagna armena, 62 d.C., Marcia su Roma, 69 d.C., campagna di Mesia, 69 d.C., conquista di Commagene, 73 d.C., campagna di *Parthia,* 114-116 d.C., seconda rivolta giudaica, 132-135 d.C.

VI Victrix: emblema il toro, simbolo i gemelli, fondata da Pompeo Magno. Luogo di reclutamento Italia e Spagna. Servizio: *Hispania Tarraconensis,* Reno, *Novaesium, Vetera, Eburacum.* Onori: battaglia dei Campi Veteri, 70 d.C.

VII Claudia Pia Fidelis: emblema il toro, simbolo il leone, fondata da Pompeo Magno. Luogo di reclutamento Spagna e Asia Minore. Servizio: *Galatia, Tilurium,* Mesia, Roma, *Viminacium,* Dacia, *Viminacium.* Onori: guerra pannonica 6-9 d.C. seconda battaglia di Bedriaco o battaglia di Cremona, 69 d.C., battaglia di Roma, 69 d.C., battaglia di *Tapae,* 88 d.C., campagne di Dacia, 101-106 d.C.

VII Gemina: emblema il toro, simbolo i gemelli, fondata da Galba nel 68 d.C. Luogo di reclutamento nella Spagna orientale. Servizio: Roma, *Carnuntum, Legio.* Onori: seconda battaglia di Bedriaco o battaglia di Cremona, 69 d.C., Battaglia di Roma, 69 d.C.

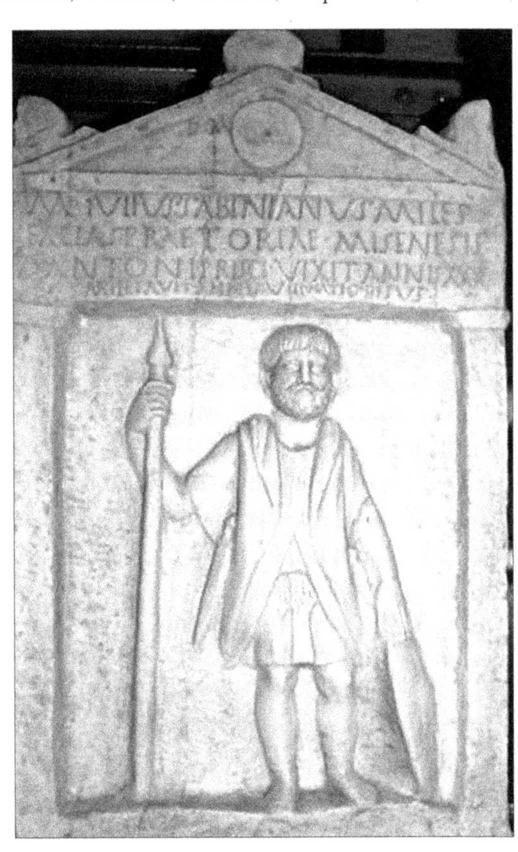

VIII Augusta: emblema il toro, simbolo il capricorno, fondata da Giulio Cesare. Luogo di reclutamento Italia e Spagna. Servizio: Spagna, *Poetovio, Novae, Argentoratum.* Onori: guerra cantabrica, 29-19 a.C., seconda battaglia di Bedriaco o battaglia di Cremona, 69 d.C., battaglia di Roma, 69 d.C.

IX (o VIIII) Hispana: emblema il toro, simbolo il capricorno, fondata da Pompeo Magno. Luogo di reclutamento Spagna. Servizio: Spagna, Siscia, Pannonia, Britannia, *Lindum,* Britannia. Onori: guerra cantabrica, 29-19 a.C., rivolta di *Tacfarinas,* 19-21 d.C., invasione della Britannia d.C. 43 d.C., campagna di Britannia, 77-84 d.C., campagna di Germania, 83 d.C., battaglia del monte Graupio, 84 d.C.

X Fretensis: emblema il toro, la nave da guerra e il delfino, simbolo il toro, fondata da Giulio Cesare nel 61 a.C. Luogo di reclutamento Spagna. Servizio: Macedonia, Siria, *Cyrrus,* Giudea, Masada, Gerusalemme, Giudea, *Aela.* Onori: campagna di Macedonia 19 a.C. – 2 d.C., prima campagna armena, 52-54 d.C. seconda campagna armena, 62 d.C., rivolta giudaica, 66-71 d.C., seconda rivolta giudaica, 132-135 d.C.

X Gemina: emblema il toro, simbolo il capricorno, fondata da Ottaviano, nel 30 a.C. Luogo di reclutamento sconosciuto. Servizio: *Petavonium, Carnuntum,* Reno, Batavia, *Noviomagus, Aquincum,* Dacia, *Vindobona.* Onori: prima guerra cantabrica, 29-19 a.C., battaglia dei Campi Veteri, 69 d.C., campagne di Dacia, 101-106 d.C.

XI Claudia Pia Fidelis: emblema Nettuno con tridente e fulmini, simbolo i gemelli, fondata da Giulio Cesare nel 58 a.C. Luogo di reclutamento Gallia Cisalpina. Servizio: Gallia, Illiria, *Burnum,* Reno, Batavia, *Vindonissa, Brigetio, Oescus, Durosturum,* Dacia, *Durosturum.* Onori: guerra pannonica, 6-9 d.C., battaglia di Roma, 69 d.C., seconda guerra dacica, 105-106 d.C., seconda rivolta giudaica, 134-135.

XII Fulminata: emblema il tuono di Marte, simbolo il capricorno, fondata da Giulio Cesare nel 58 a.C. Luogo di reclutamento Gallia Cisalpina. Servizio: Egitto, Siria, *Raphanea, Laodicea,* Gerusalemme, Giudea, *Melitene,* Danubio, *Melitene.* Onori: assedio di Gerusalemme, 70 d.C., campagna di *Parthia,* 114-116 d.C., guerra contro gli Alani 135 d.C., guerra contro i Quadi, 174 d.C.

XIII Gemina Pia Fidelis: emblema il leone, simbolo il capricorno, fondata da Giulio Cesare nel 58 a.C. Luogo di reclutamento Gallia Cisalpina. Servizio: Illirico, Rena, Rezia, Pannonia, Reno, *Vindonissa, Poetovio,* Reno, *Poetovio,* Dacia, Sarmizegethusa, *Apulum,* Ratiara, *Sirmium.* Onori: campagna di Germania, 20-15 a.C., campagna di Rezia, 15 a.C., guerra pannonica, 6-9 d.C., campagna di Germania, 14-16 d.C., battaglia di Idistaviso, 15 d.C., seconda battaglia di Bedriaco o battaglia di Cremona, 69 d.C., battaglia di Roma, 69 d.C. campagne di Dacia, 101-106 d.C.

XIIII Gemina Martia Victrix: "i più valorosi", emblema ali d'aquila, simbolo il capricorno, fondata da Giulio Cesare nel 57 a.C. Luogo di reclutamento Gallia Cisalpina. Servizio: Illirico, *Mogontiacum, Viroconium, Lugdunensis, Mogontiacum, Vindobona,* Dacia, *Carnuntum.* Onori: guerra pannonia, 6-9 d.C., invasione della Britannia, d.C. 43 d.C., invasione di Anglesey, 60 d.C., rivolta di Biudicca, 60-61 d.C., battaglia di Bedriaco, 69 d.C., battaglia dei Campi Vetera, 70 d.C., campagne di Dacia, 101-106 d.C., guerre germaniche, 161-180 d.C.

XV Apollinaris: emblema una foglia di palma, simbolo il capricorno, fondata da Giulio Cesare nel 54 d.C. Luogo di reclutamento Gallia Cisalpina. Servizio: Illirico, *Emonia, Carnuntum,* Siria, Giudea, *Carnuntum,* Dacia, *Carnuntum, Parthia, Satala.* Onori: guerra pannonica, 6-9 d.C., seconda guerra armena, 62 d.C., prima rivolta giudaica, 67-71 d.C., assedio di Gerusalemme, 70 d.C., campagne di Dacia, 101-106 d.C., campagna di *Parthia,* 114-116 d.C., sconfitta degli Alani, 135 d.C.

XV Primigenia: emblema la ruota della fortuna, simbolo il capricorno, fondata da Galigola nel 39 d.C. Luogo di reclutamento probabilmente la Gallia Cisalpina. Servizio: *Magontiacum, Vetera.*

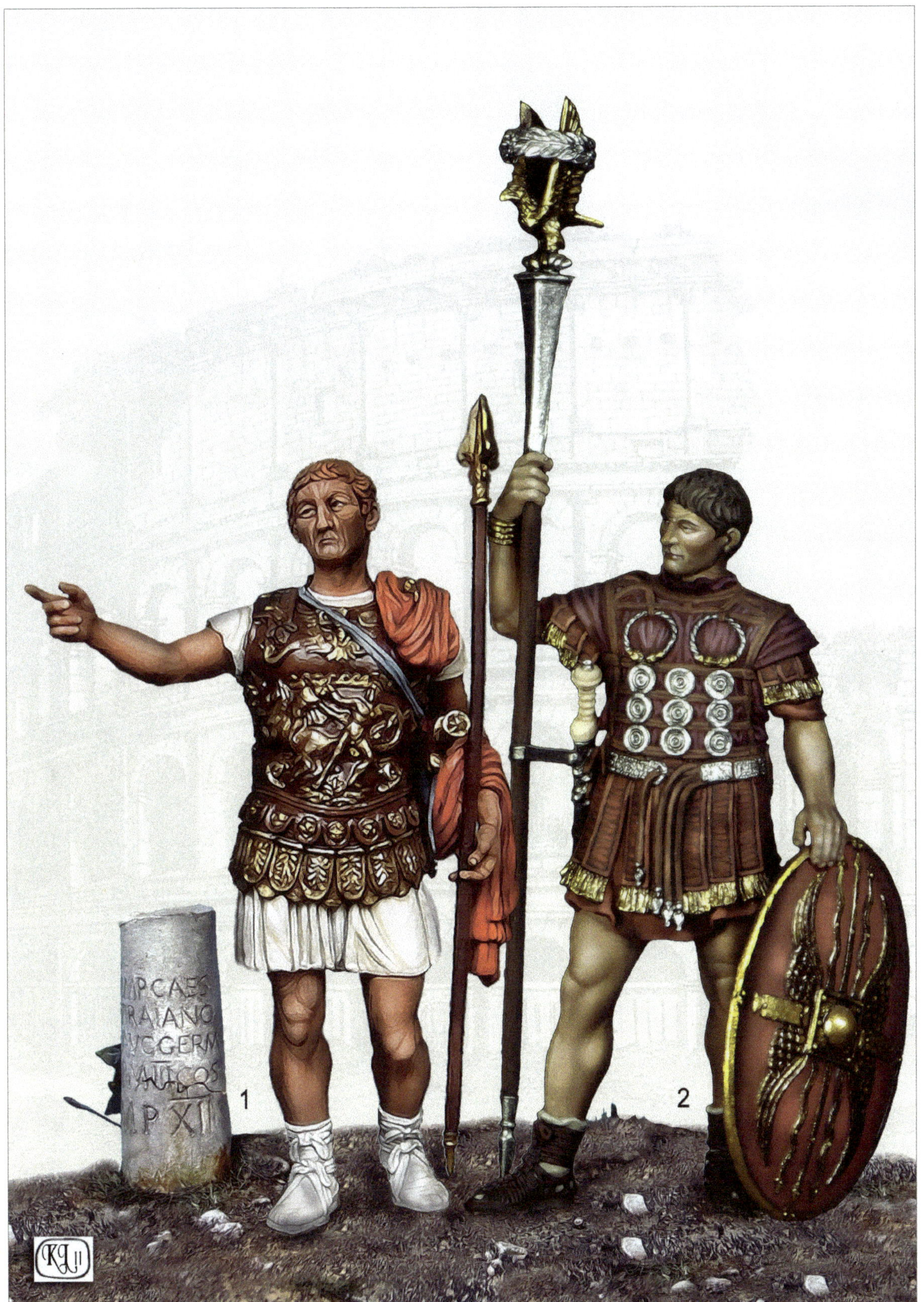

TAVOLA A

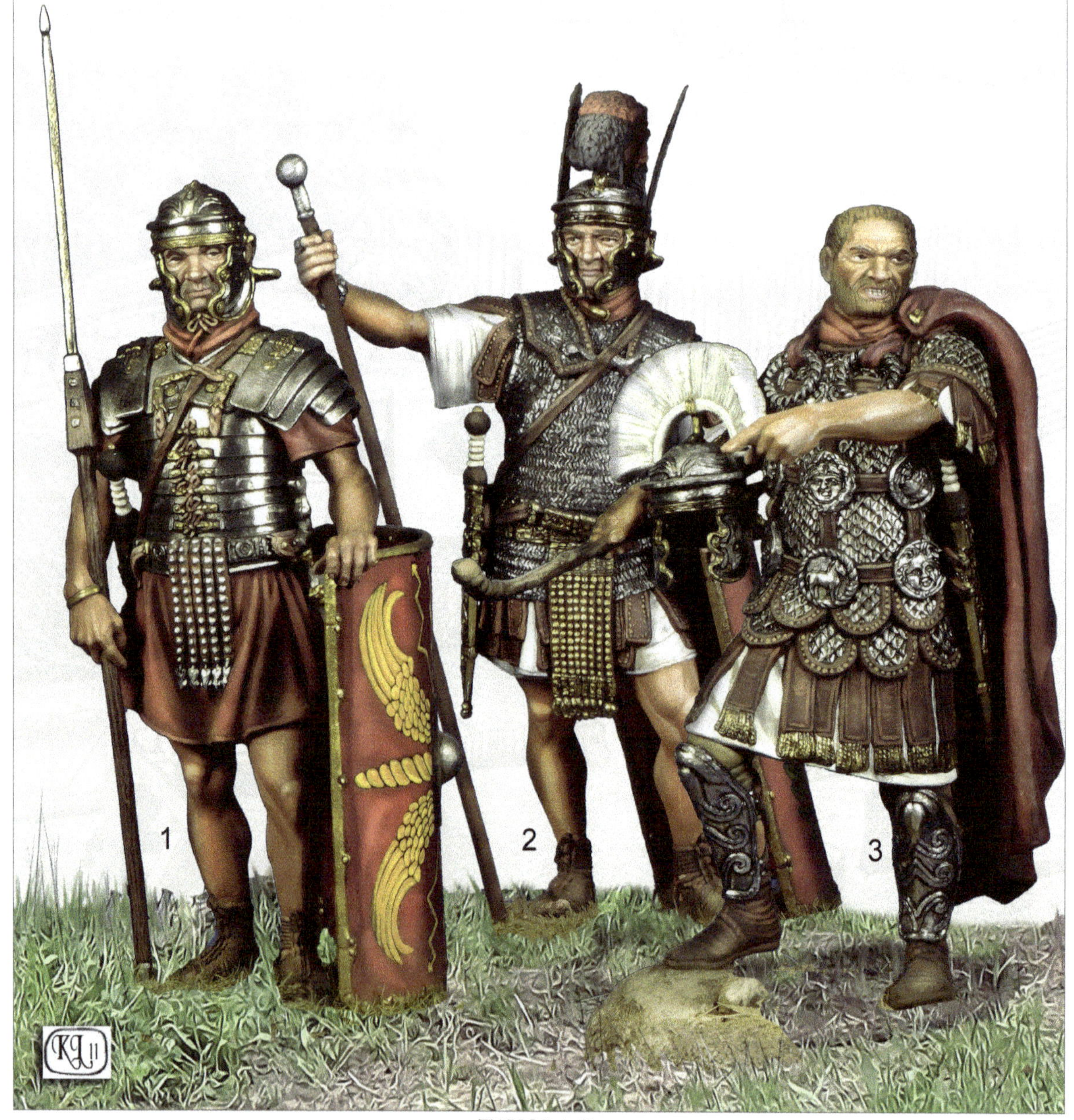

TAVOLA B

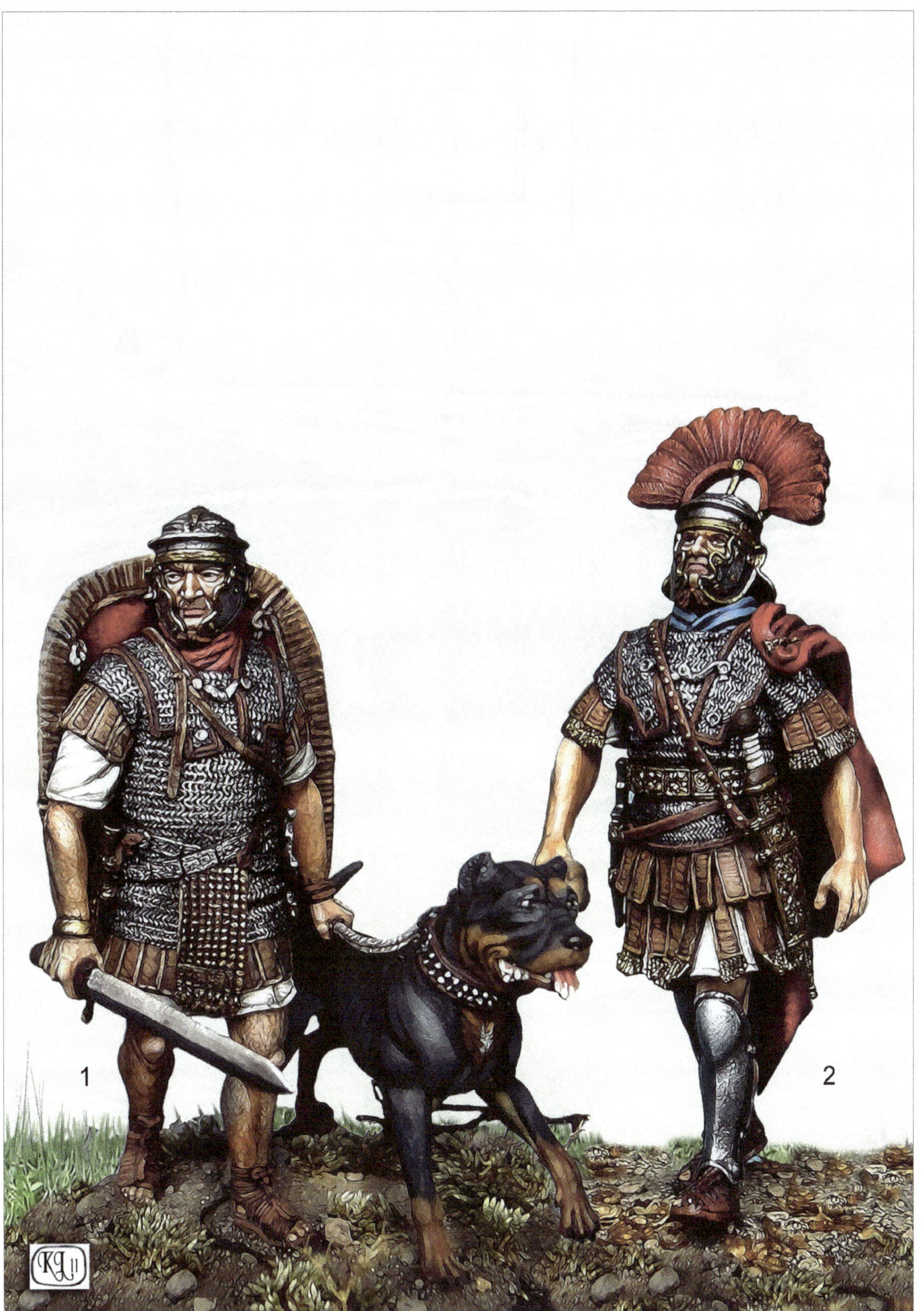

TAVOLA C

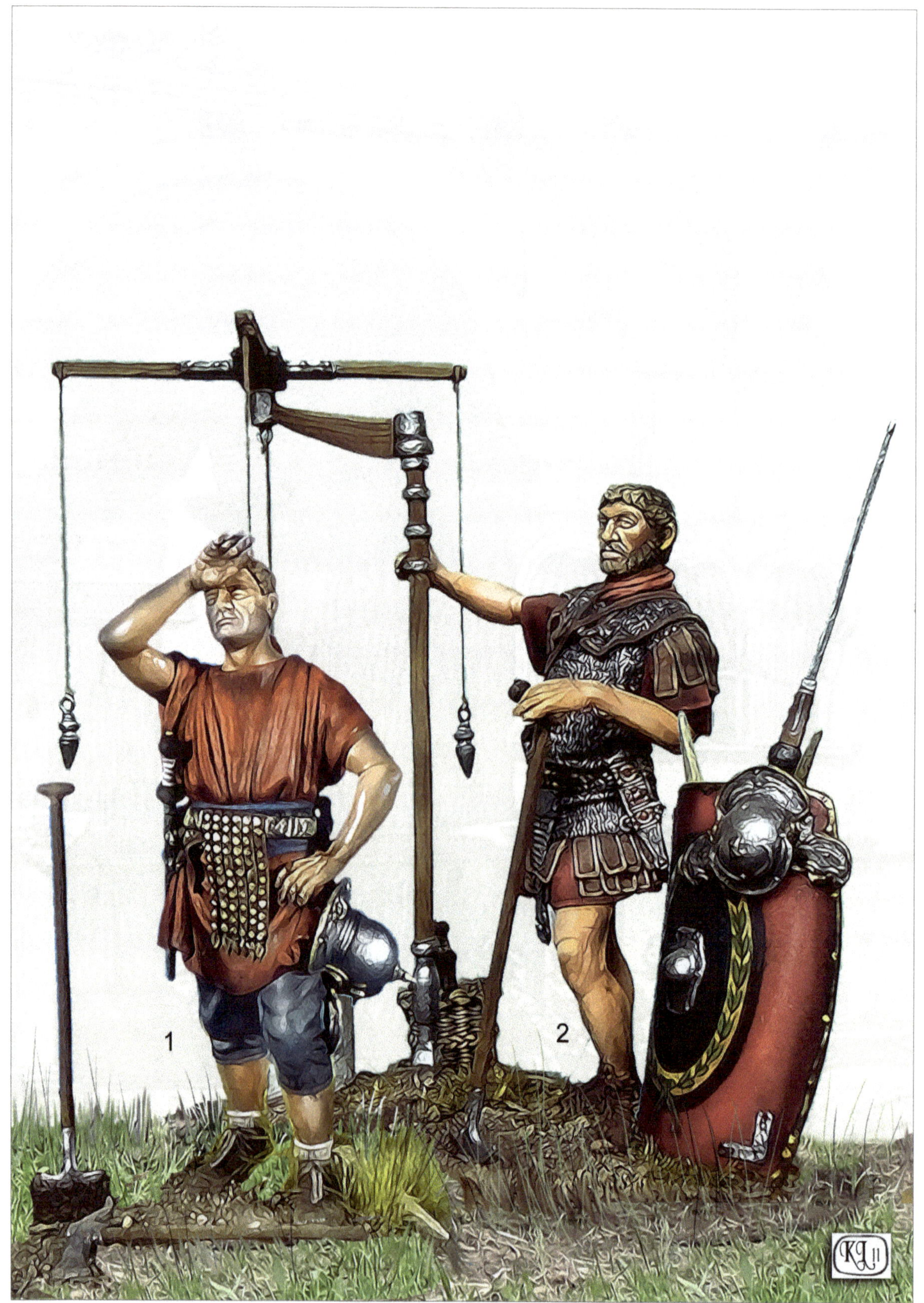

TAVOLA D

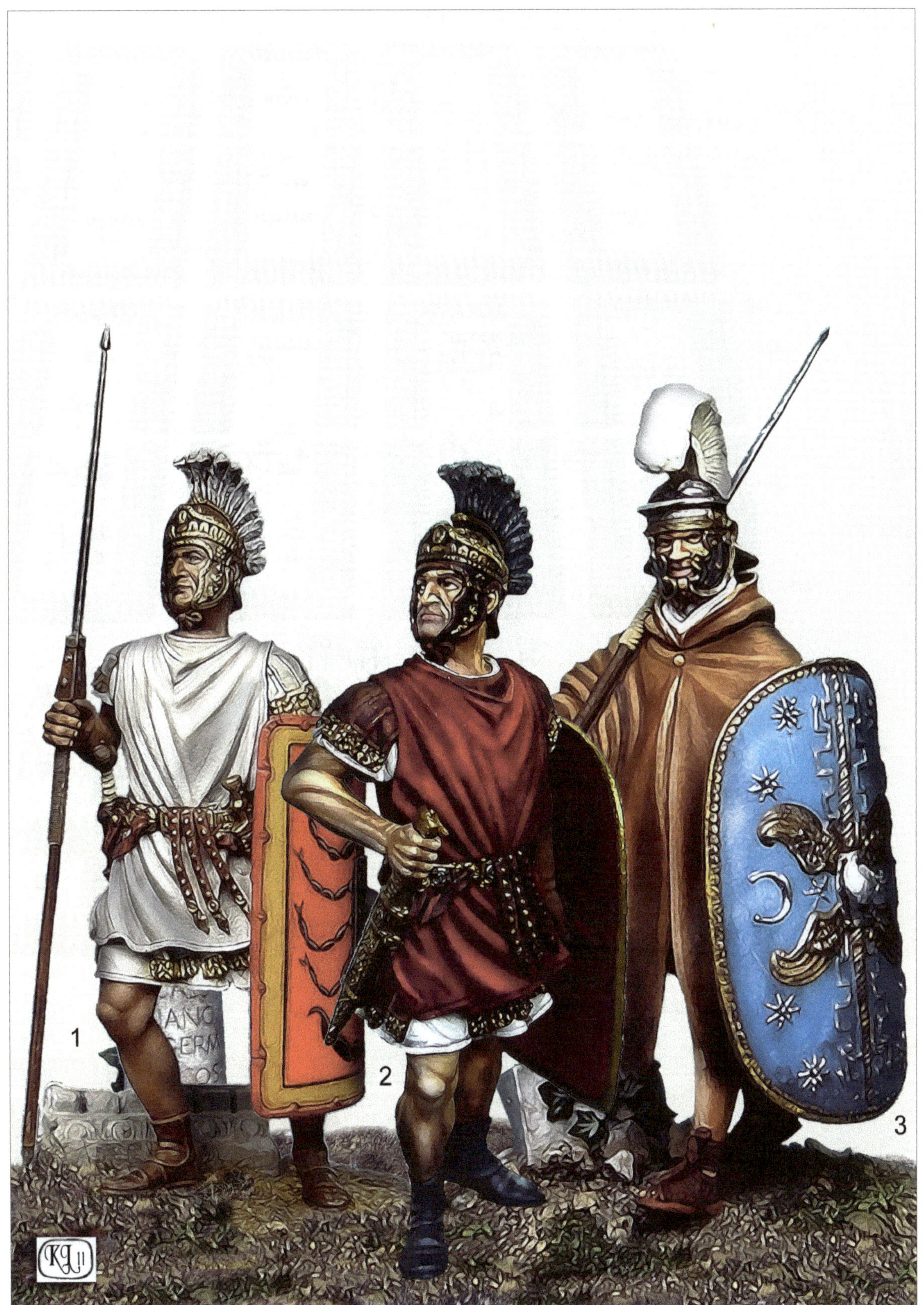

TAVOLA E

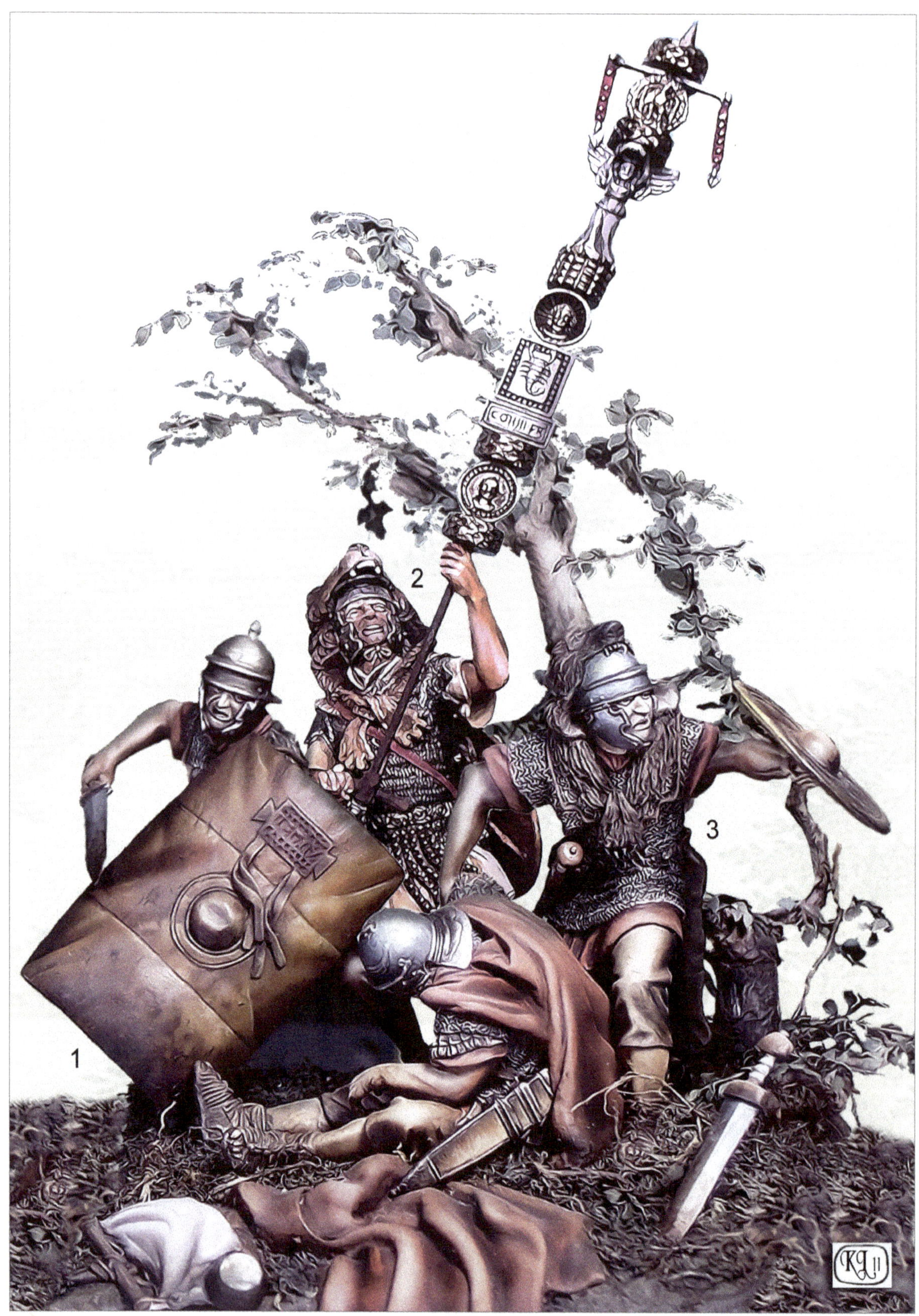

TAVOLA F

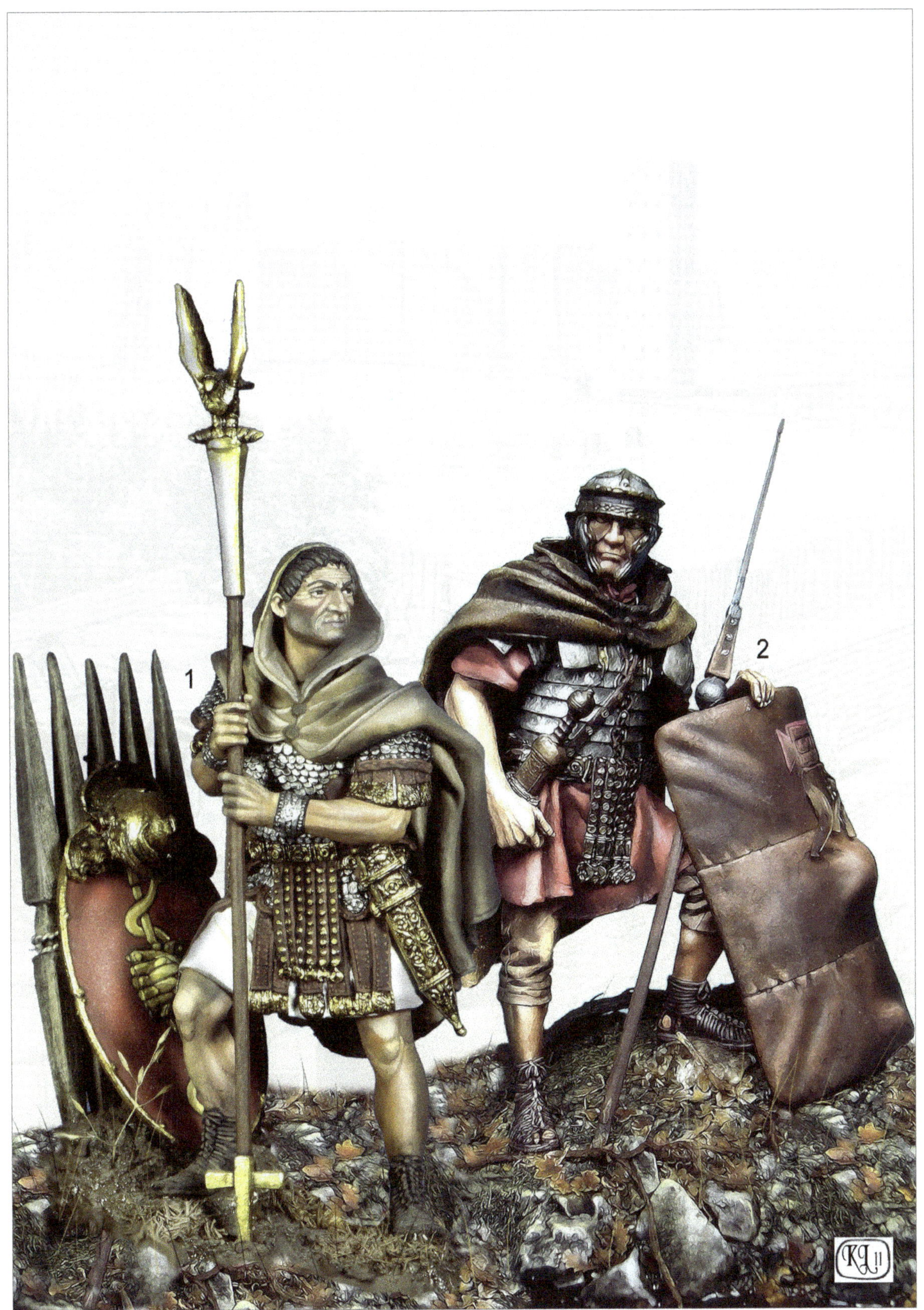

TAVOLA G

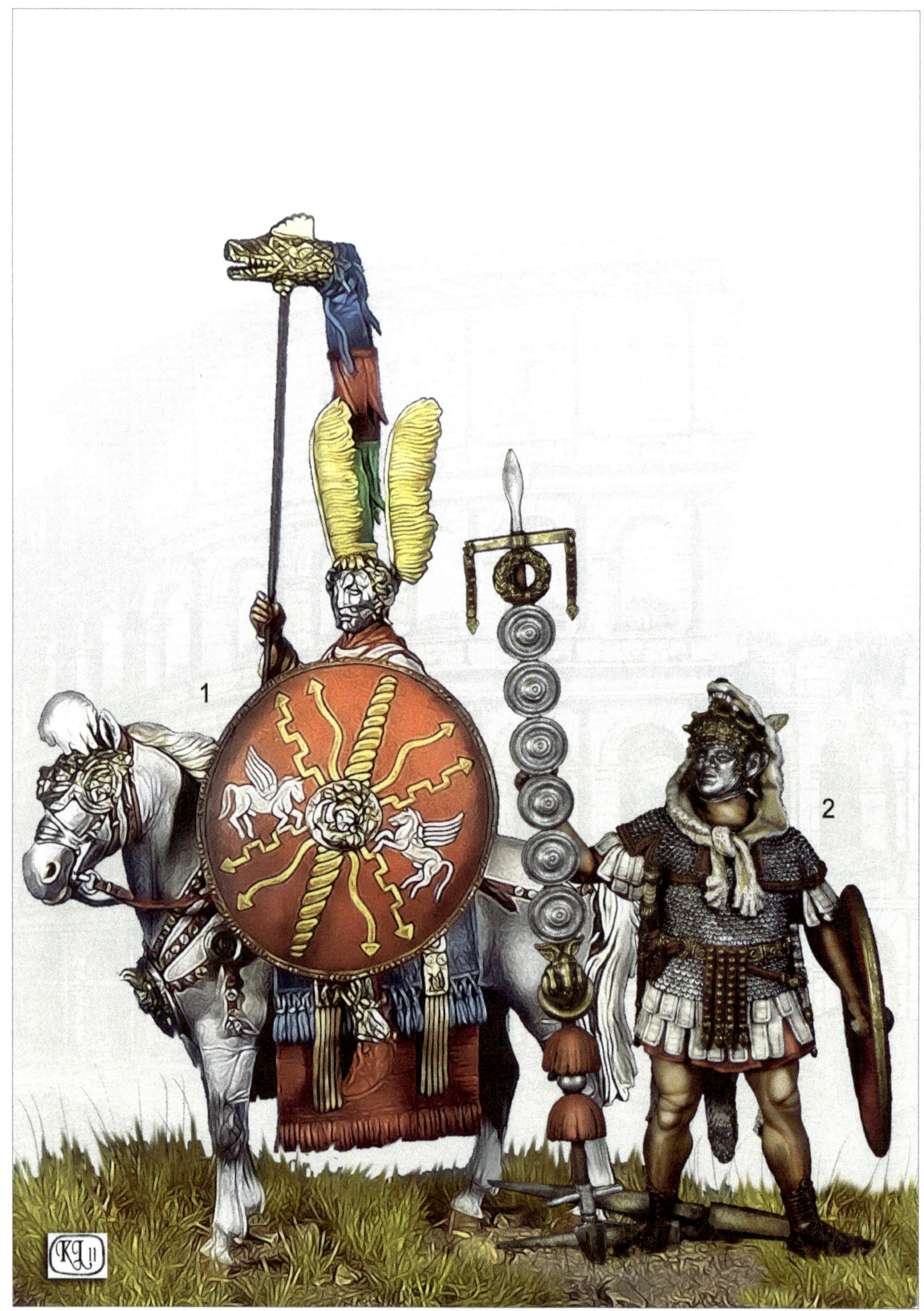

TAVOLA H

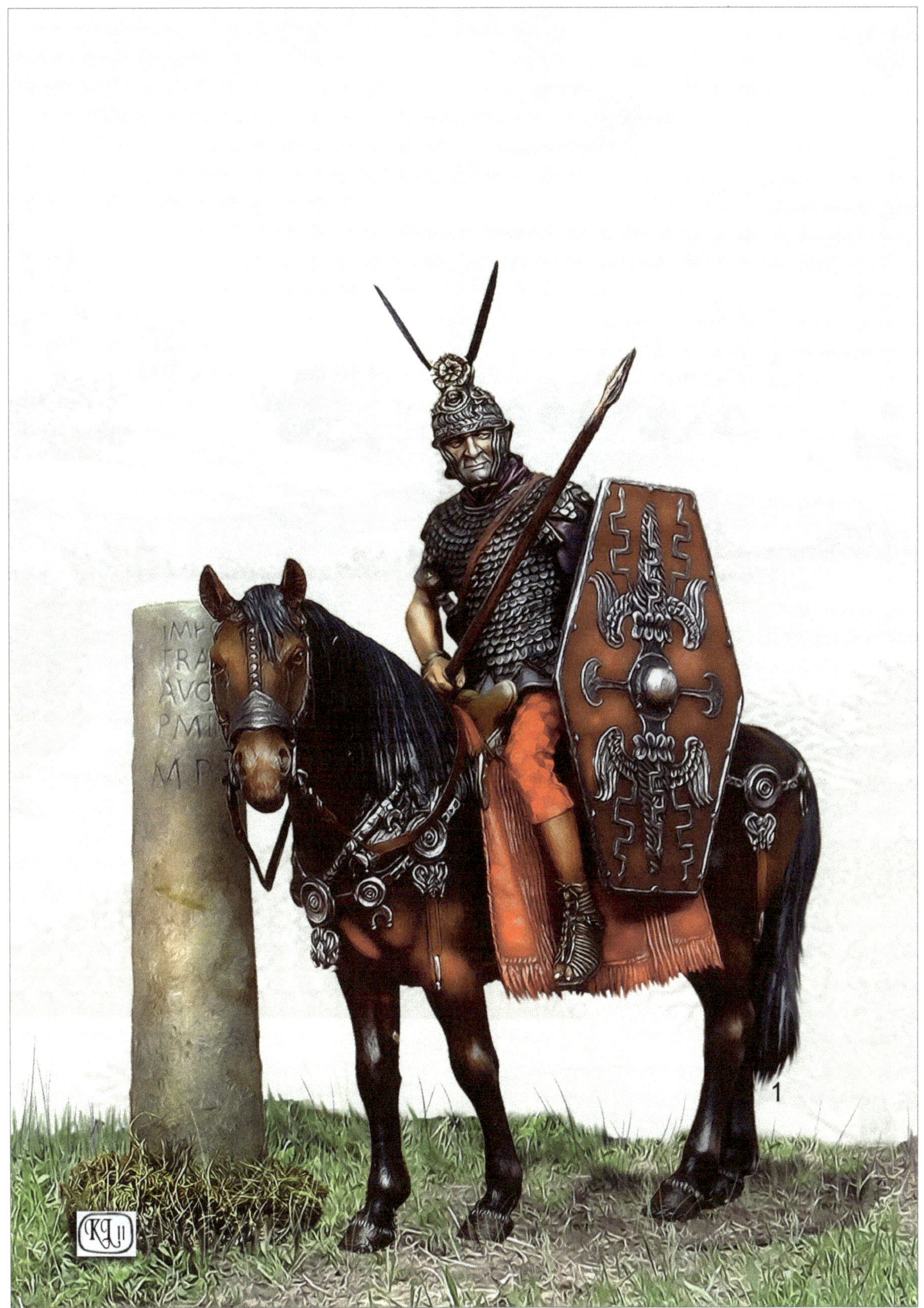

TAVOLA I

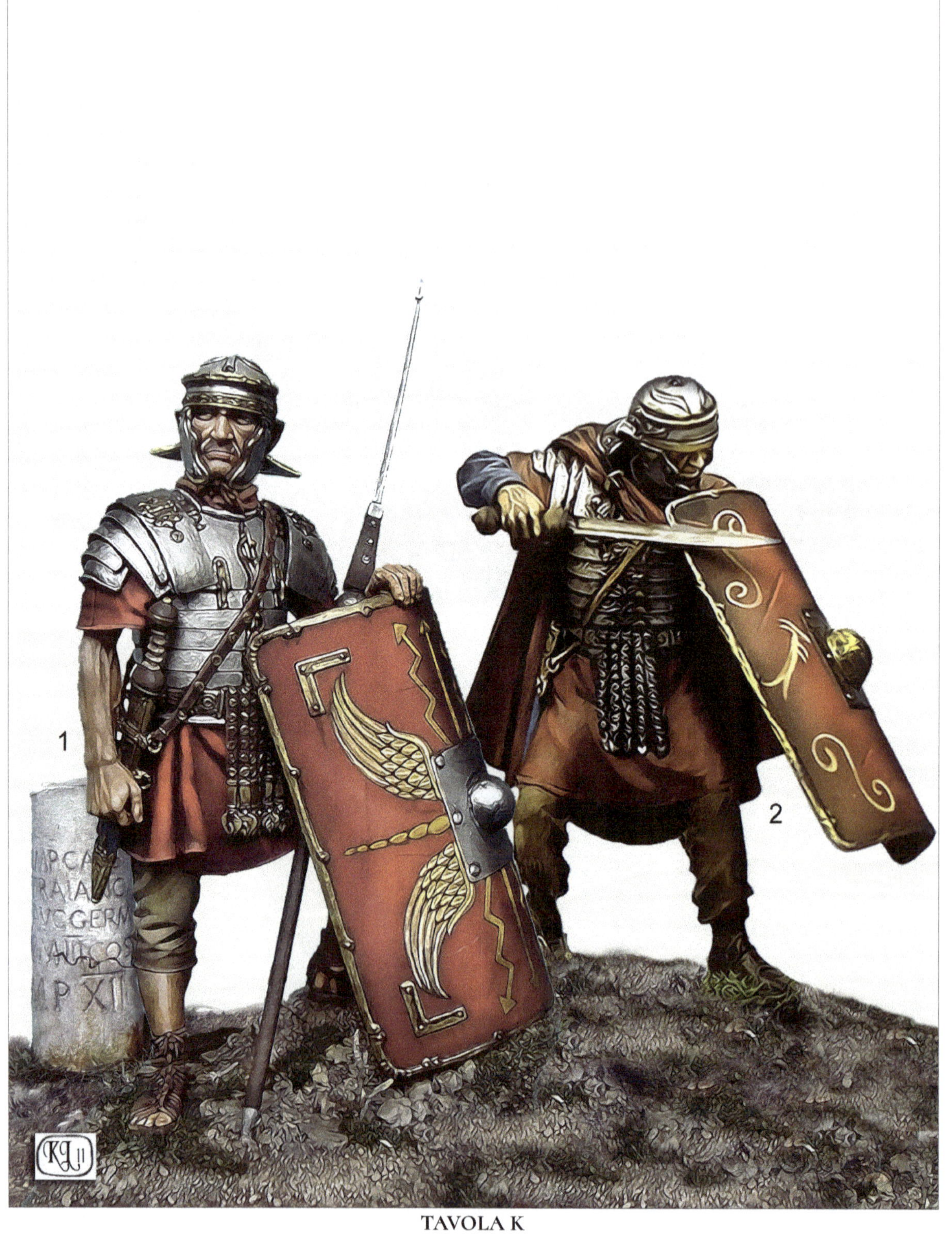

TAVOLA K

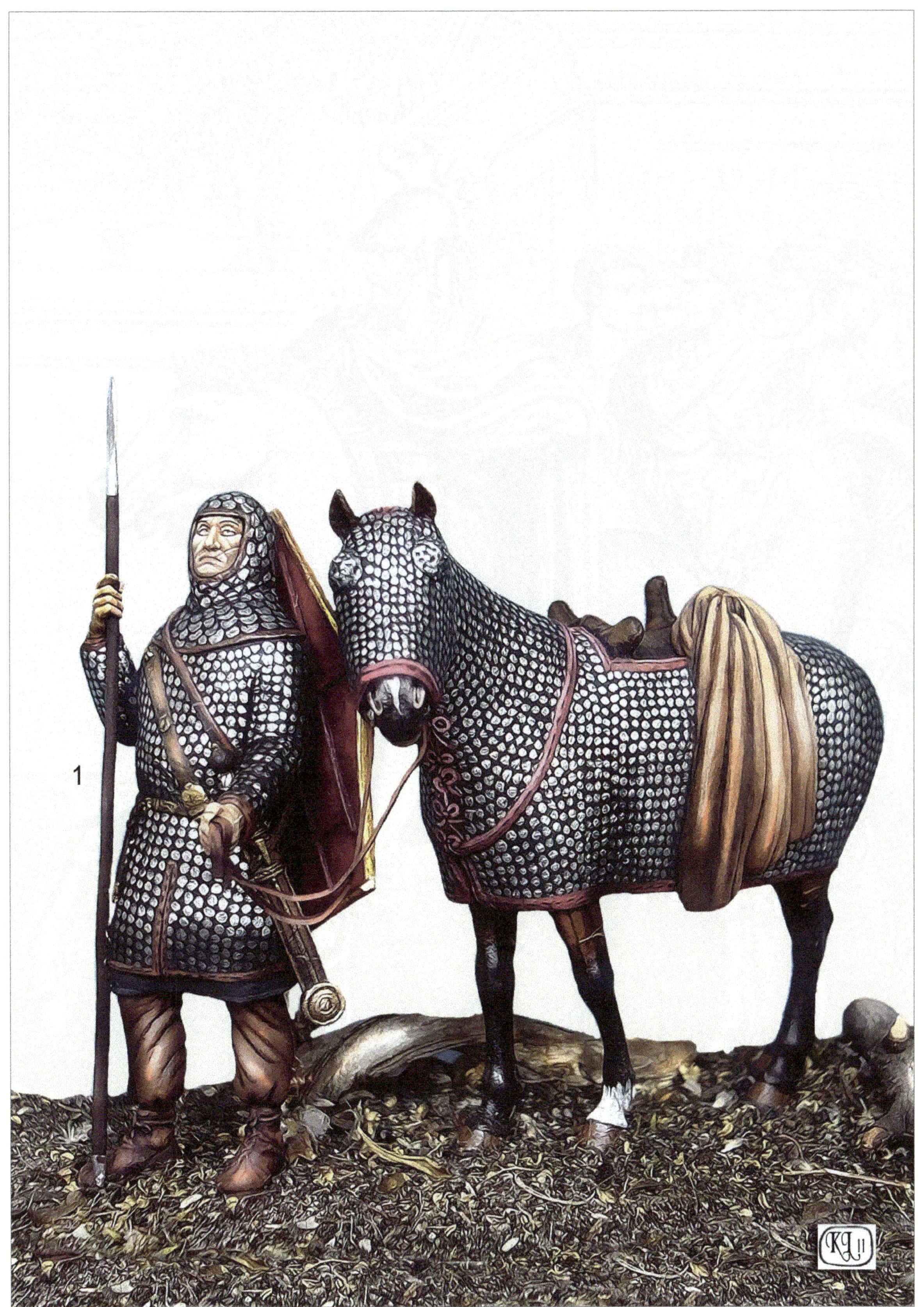

TAVOLA L

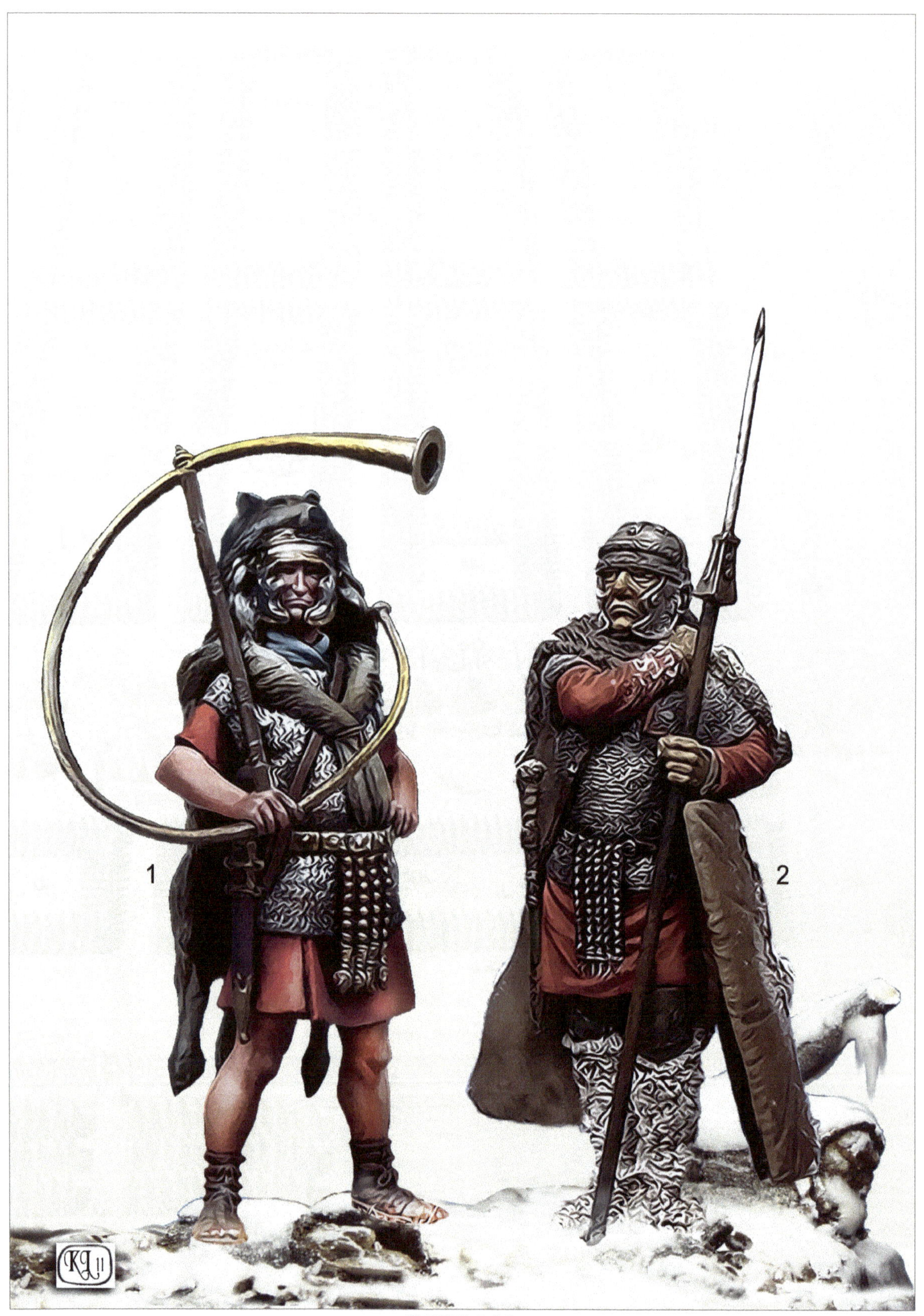

TAVOLA M

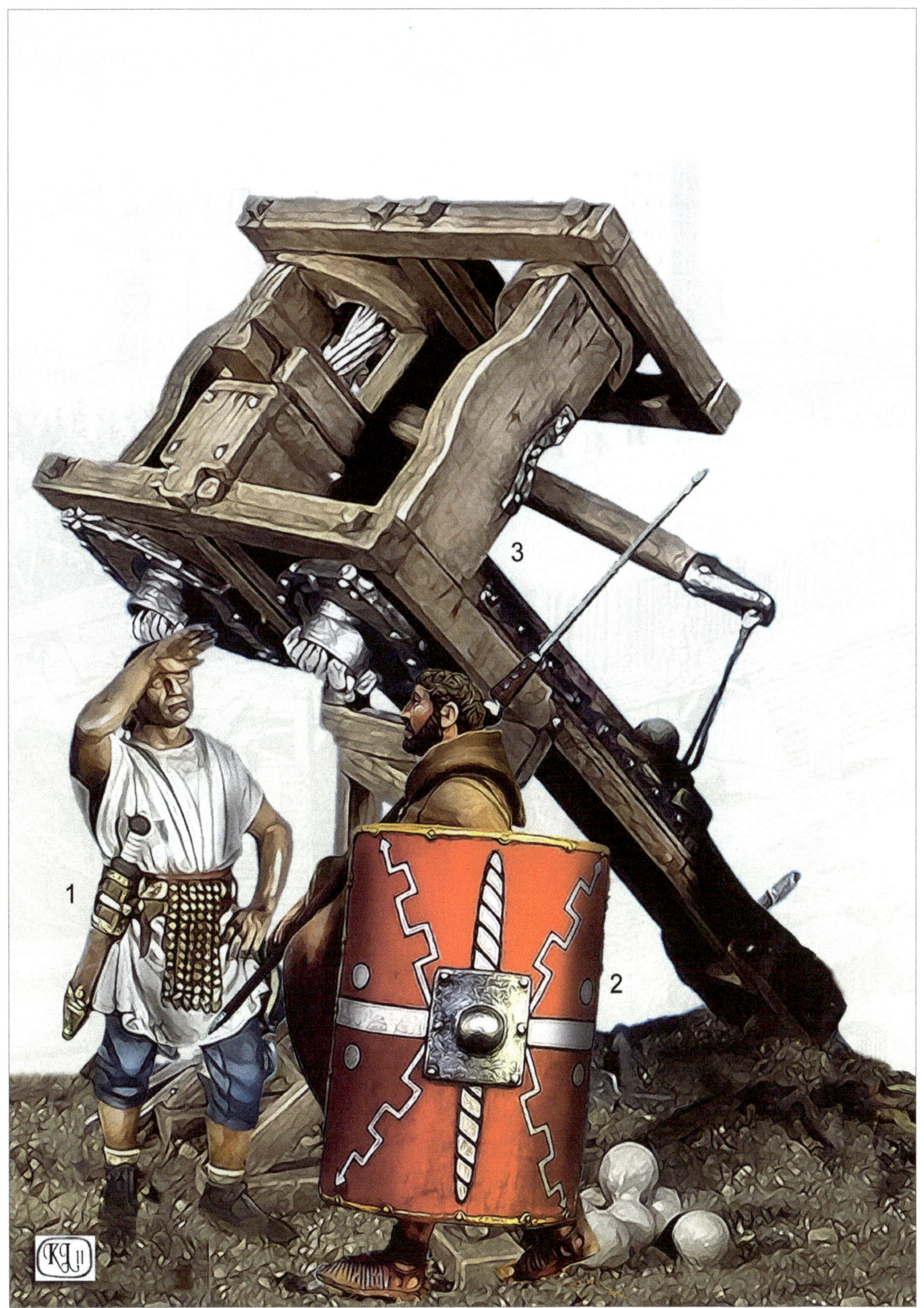

TAVOLA N

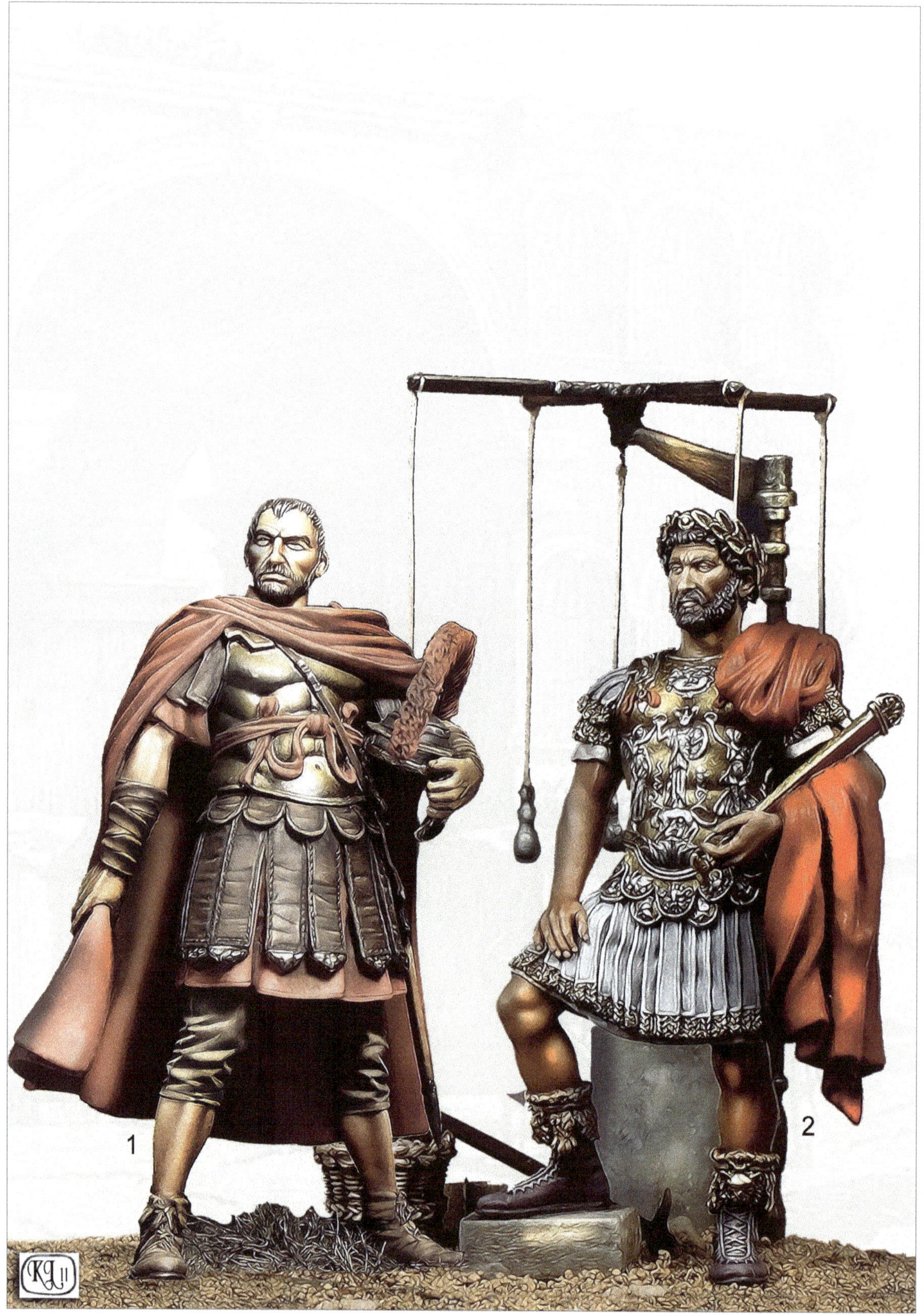

TAVOLA O

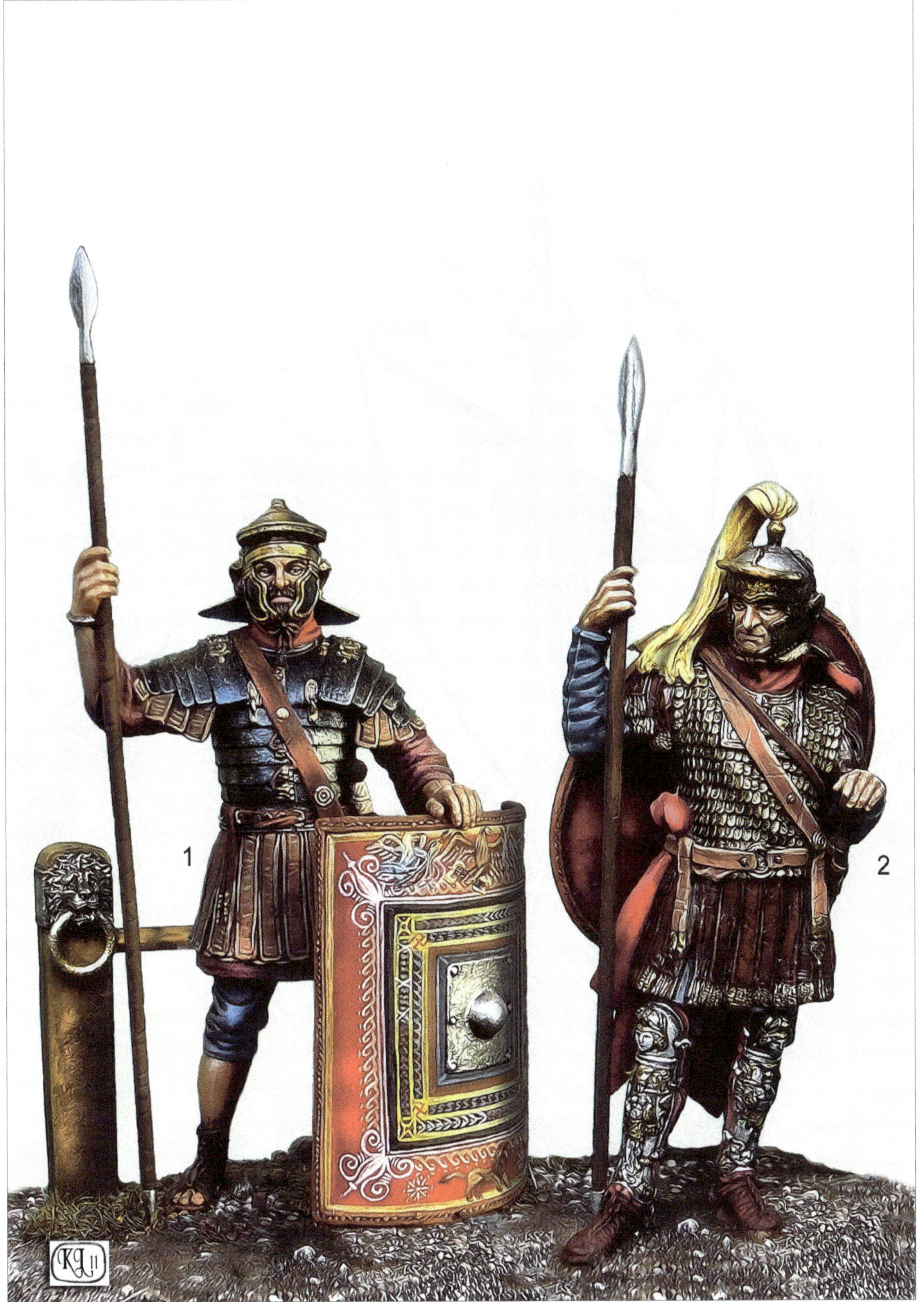

TAVOLA P

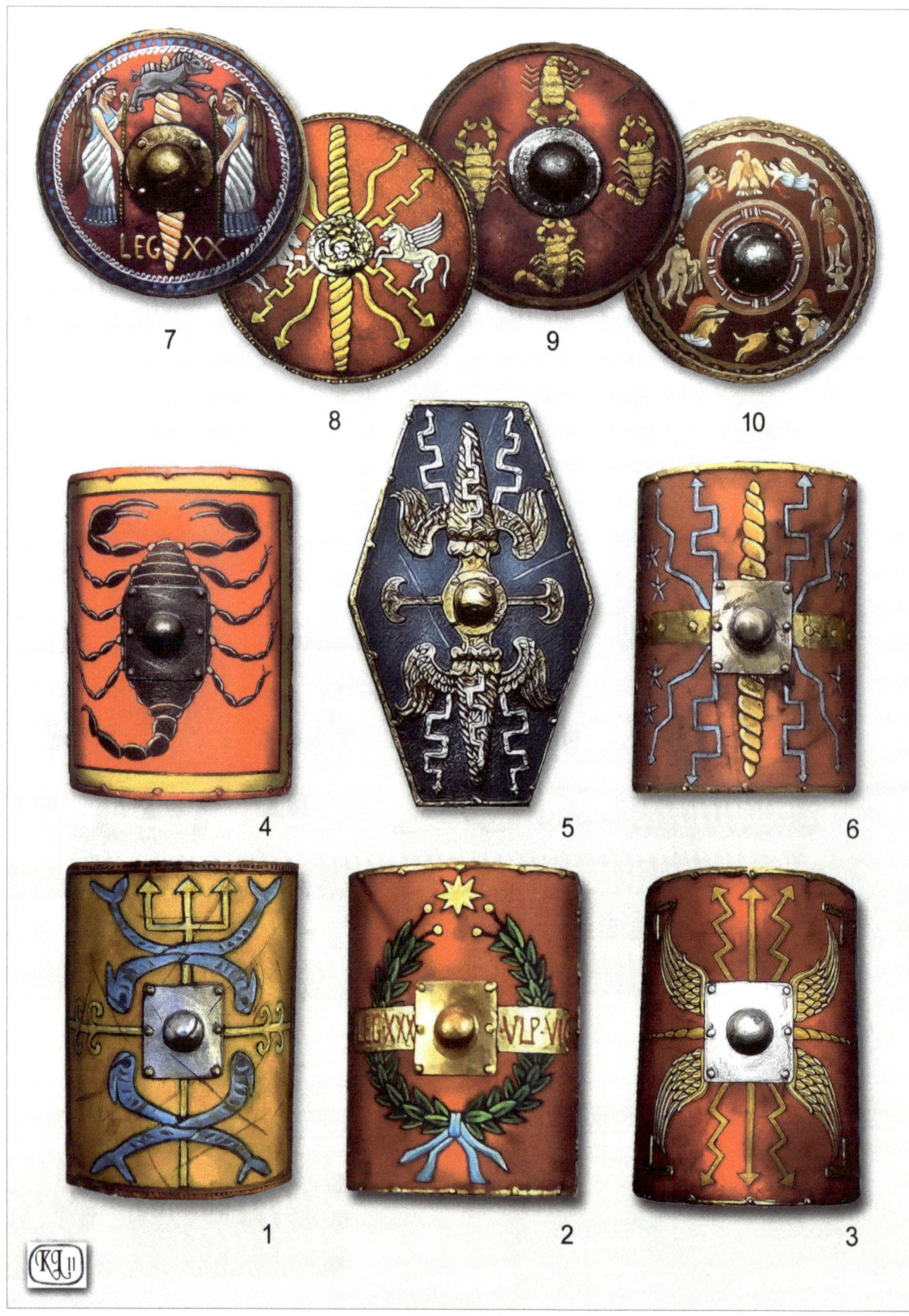

TAVOLA Q

XVI Gallica: emblema il cinghiale, simbolo il capricorno, fondata da Giulio Cesare nel 49 a.C. Luogo di reclutamento Gallia. Servizio: Reno, *Magontiacum, Novaesium.*

XVI Flavia Firma: emblema il leone, simbolo sconosciuto, fondata da Vespasiano al posto della XVI Gallica. Luogo di reclutamento sconosciuto. Servizio: *Satala, Parthia, Samosata, Oescus.* Onori: campagne di Dacia, 101-106 d.C.

XVII, XVIII (o XIIX) e XIX: emblema il cinghiale, simbolo il capricorno, fondate da Giulio Cesare nel 49 a.C. Luogo di reclutamento Italia. Servizio: Aquitania, Rezia, *Novaesium.* Onori: campagna di Aquitania, 20 a.C., campagna di Rezia, 15 a.C. Le tre legioni furono distrutte nella battaglia della foresta di Teotoburgo, 9 d.C.

XX Valeria Victrix: emblema il cinghiale, simbolo il capricorno, fondata da Giulio Cesare nel 49 a.C. Luogo di reclutamento Italia e Siria. Servizio: *Hispania Tarraconensis,* Illiria, *Burnum,* Colonia, Neuss, *Camulodunum, Glevum, Viroconium, Deva, Luguvalium.* Onori: guerra cantabrica, 29-19 a.C., guerra pannonica, 6-9 d.C., campagna di Germania, 14-16 d.C., battaglia di Idistaviso, 16 d.C., invasione della Britannia, 43 d.C., rivolta di Boudicca, 60-61 d.C.

XXI Rapax: emblema il cinghiale, simbolo il capricorno, fondata da Giulio Cesare nel 49 a.C. Luogo di reclutamento Gallia e Siria. Servizio: Gallia Transalpina, Rezia, Pannonia, *Vetera, Vindonissa, Bonna, Mogontiacum,* Danubio. Onori: campagna di Rezia, 15 a.C., guerra pannonica, 6-9 d.C., campagna di Germania, 14-16 d.C., battaglia di Idistaviso, 16 d.C., prima battaglia di Bedriaco, 69 d.C., battaglia di *Rigodulum,* 70 d.C., battaglia di *Augusta Trevorum,* 70 d.C., battaglia dei Campi Veteri, 70 d.C.

XXII Deiotariana: emblema l'aquila, simbolo sconosciuto, fondata da Nerone nel 66 d.C. Luogo di reclutamento Armenia Minore. Servizio: Alessandria, Giudea, *Caesarea Mazaka, Elegia.* Onori: campagna di *Parthia,* 114-116 d.C.

XXII Primigenia Pia Fidelis: emblema l'aquila, simbolo il capricorno, fondata da Caligola nel 39 d.C. Luogo di reclutamento province orientali. Servizio: *Mogontiacum,* Roma, *Vetera, Mogontiacum.* Onori: prima battaglia di Bedriaco, 69 d.C.

XXX Ulpia Victrix: emblema il tridente di Nettuno, il delfino e i fulmini, simbolo il capricorno, fondata da Traiano nel 103 d.C. Luogo di reclutamento sconosciuto. Servizio: Brigetio, Dacia, Noviomagus, Vetera, Amida. Onori: seconda guerra dacica, 105-106 d.C.

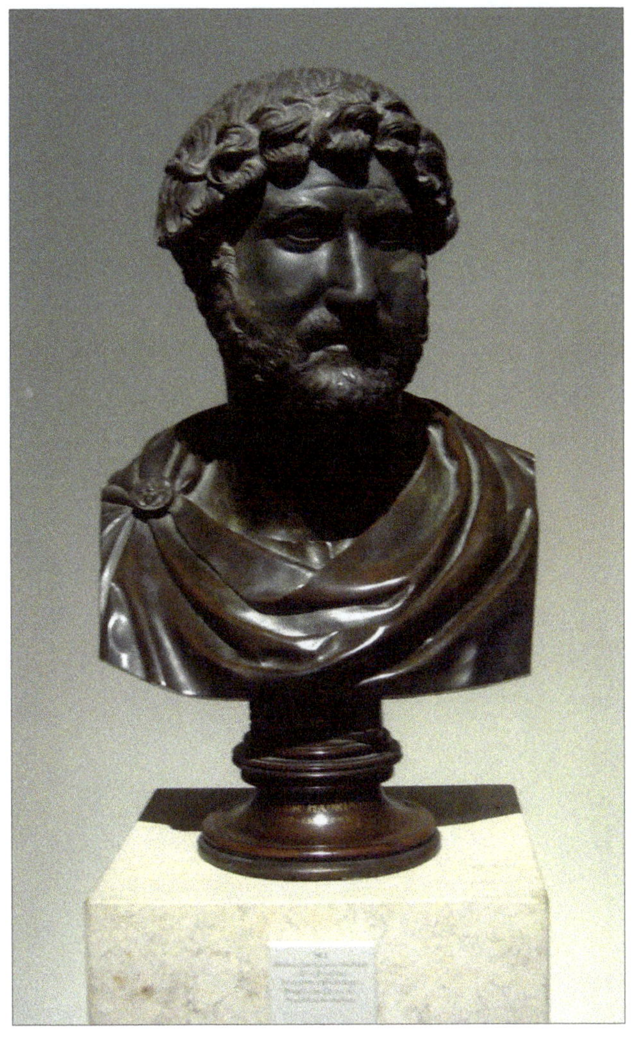

▶ **Busto dell'imperatore Adriano, 117-138 d.C.,** Museo Nazionale Romano, Roma.

Bust of emperor Hadrian, 117-138 AD, Museo Nazionale Romano, Rome.

LA MARINA MILITARE E I MARINAI

Dopo la vittoria di Azio, Ottaviano si preoccupò di costituire una marina militare permanente: la base principale, fin dal 31 a.C. fu stabilita a Fréjus (*Forum Iulii*), nella Gallia Narbonense. Poco tempo dopo, però, la flotta fu divisa e trasferita in Italia, una parte a Capo Miseno, nel golfo di Napoli, e una a Ravenna, in comunicazione con il ramo meridionale del Po, cui era collegata da una fossa artificiale. La squadra di Miseno aveva il compito di sorvegliare il Mediterraneo occidentale, l'altra il Mediterraneo orientale. Furono poi costituite altre flotte, dette provinciali, incaricate di controllare i mari periferici e i grandi fiumi e che prendevano il nome del settore geografico in cui si trovavano. Si trattava delle flotte *Alexandrina, Syriaca, Pontica, Moesica e Britannica* e di quelle fluviali *Germanica*, sul Reno, *Pannonica*, sul Danubio, e *Parthica*, sull'Eufrate. Durante il primo secolo d.C. la flotta di *Forum Iulii* fu eliminata, non ritenendo più necessario mantenere così tante navi da guerra in quella zona. Sotto Domiziano le squadre di Capo Miseno e Ravenna ricevettero l'epiteto di *praetoria*.

Le flotte assunsero una dimensione più contenuta e furono costituite soprattutto da triremi e liburne (*vedi L'esercito Romano da Romolo a re Artù vol.1*). Per la sorveglianza della costa della Britannia e dei grandi fiumi, Reno, Danubio ed Eufrate, fu introdotto un nuovo tipo di nave da guerra, di ridotte dimensioni e non sempre pontato. Lungo circa 20 metri, a un solo ordine di remi, era dotato di un albero con una vela quadrata, che, all'occorrenza, poteva essere usato come palo da alaggio. Imbarcava più di quaranta uomini tra soldati e marinai.

Al vertice della gerarchia della marina militare romana in età imperiale, vi erano i *praefecti*, che appartenevano all'ordine equestre e che erano al comando delle due flotte pretorie. Loro subalterni erano i *subpraefecti*, anch'essi *equites*, e i *praefecti* delle flotte provinciali. I *praepositi* erano gli ufficiali che avevano ottenuto un comando straordinario relativo a una parte della flotta, come il distaccamento che a Roma aveva l'incarico di occuparsi del velario del Colosseo e delle naumachie, mentre i navarchi erano ufficiali superiori responsabili delle flottiglie o di grandi unità. I trierarchi e i centurioni erano al comando di una nave, che, indipendentemente dalla sua importanza o dimensione, era assimilata

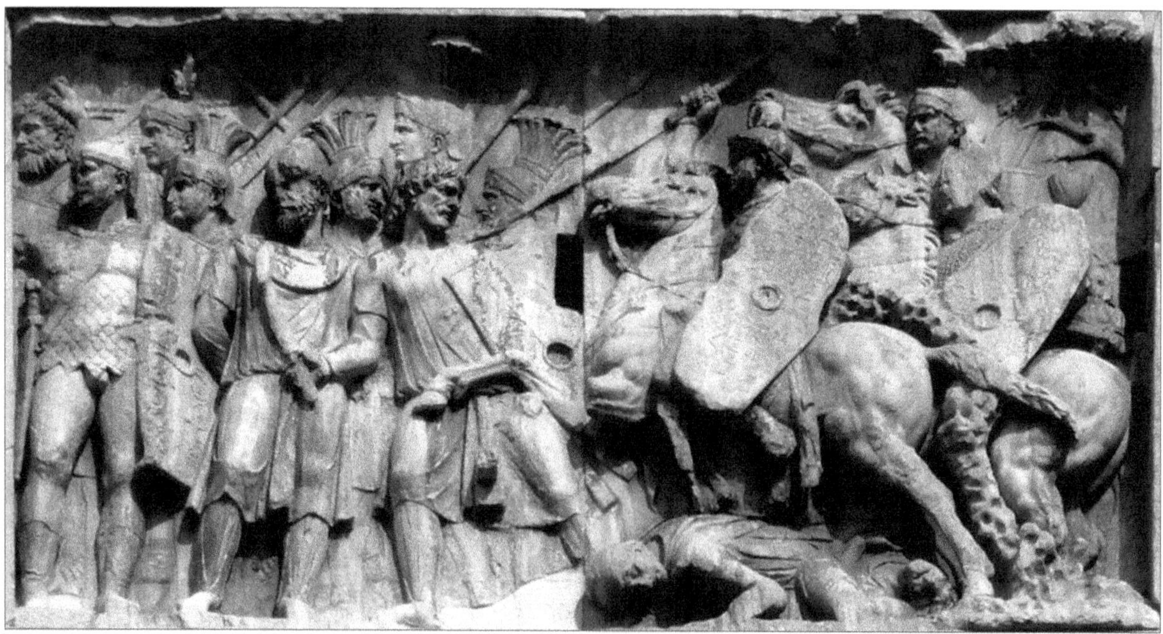

▲ **Rilievi di Traiano,** scena di battaglia, inizio II secolo d.C., Arco di Costantino, Roma.
Reliefs of Traian, battle scene, early 2nd century AD, Arch of Constantine, Roma

a una centuria. I servizi erano demandati ai graduati, i *principales* e gli *immunes*; il *gubernator* pilotava la nave aiutato dal suo vice, il *proreta*. Al controllo dei rematori, *remiges*, erano l'*hortator*, il *pausario* e il *symphoniacus*, il musico per la cadenza. L'equipaggio era costituito da marinai con funzione di combattenti, i *milites*, e preposti alla navigazione, i *nautae* e i *velarii*. Sulla nave operavano anche operai, alfieri, trombettieri, medici, armieri, scribi e archivisti.

Le navi prendevano di solito il nome da una divinità, che compariva sulla fiancata dell'imbarcazione, a poppa. Gli dei più venerati erano Iside, Atena, Poseidone, Apollo e Dioniso. Molte superstizione erano già in voga all'epoca, come quella di non imbarcare donne, perché si riteneva portassero sfortuna: a protezione della cattiva sorte venivano dipinti sulle fiancate di prora grandi occhi apotropaici, perché sorvegliassero sempre la nave.

Le truppe di marina che avevano combattuto con onore furono organizzate in legioni che si chiamarono *Audiutrices*. I legionari imbarcati indossavano l'usuale equipaggiamento, con la tunica di "colore veneto" (Vegezio), una sorta di azzurro con il quale, a volte, era colorata la vela.

Durante i primi due secoli del Principato, il numero di uomini che servivano nella marina militare romana era di circa 40-45.000. A Roma si tenevano le naumachie, termine con il quale si indicavano sia un particolare genere di spettacolo che riproduceva una battaglia navale, sia gli edifici costituiti da grandi bacini nei quali tale spettacolo si teneva. Le naumachie si tenevano in zone pianeggianti vicine al Tevere, per ottenere più facilmente l'afflusso e il deflusso dell'acqua necessaria al loro svolgimento, e non solo negli omonimi edifici: anche circhi, arene, anfiteatri e laghi le ospitarono. Protagonisti di questi spettacoli cruenti erano schiavi, criminali condannati a morte e prigionieri di guerra.

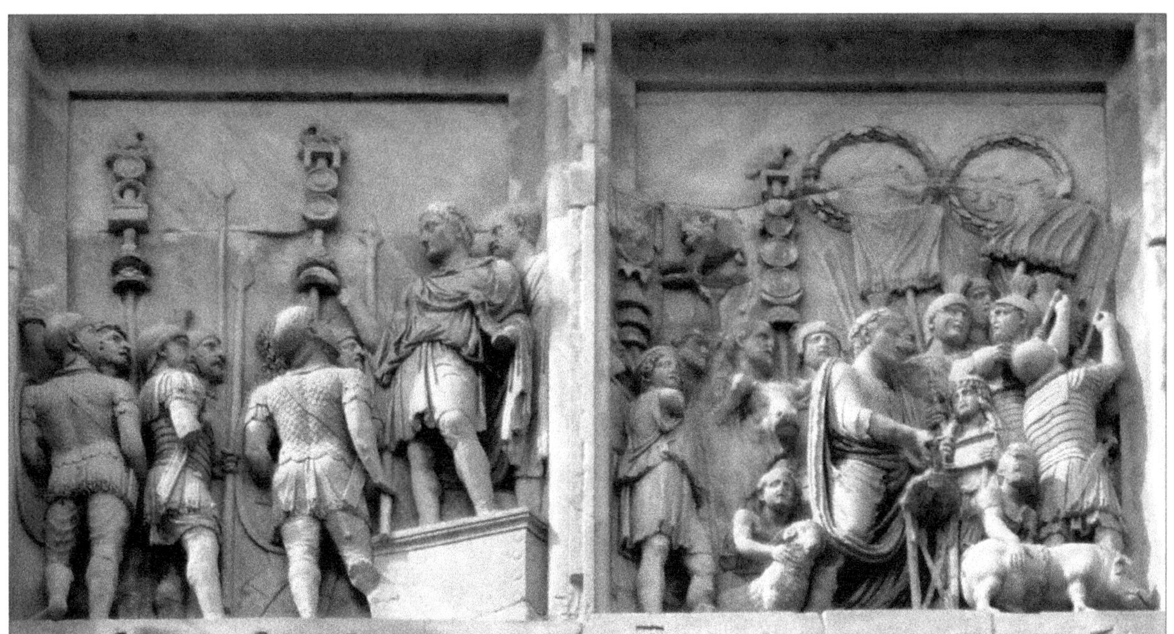

▲ **Porta insegne romani,** dai rilievi del periodo di Marco Aurelio, II secolo d.C., Arco di Costantino, Roma.
Roman standard bearers from the reliefs of Marcus Aurelius, end of 2nd century AD, Arch of Constantine, Rome.

Possibile schieramento in battaglia delle coorti di una legione

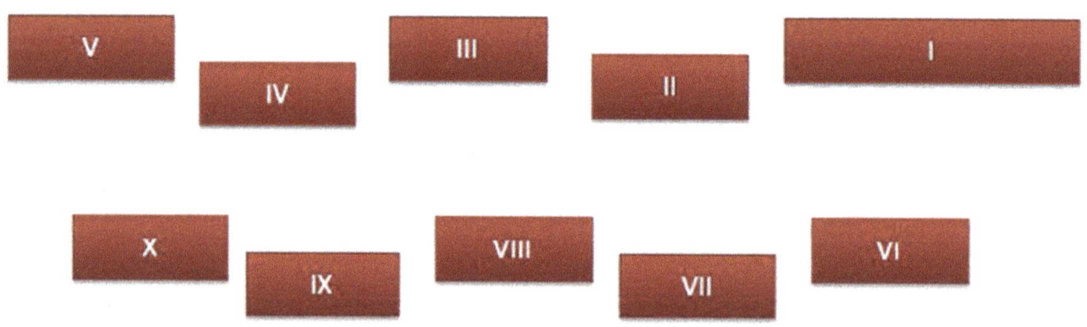

Legione falangitica d'epoca adrianea

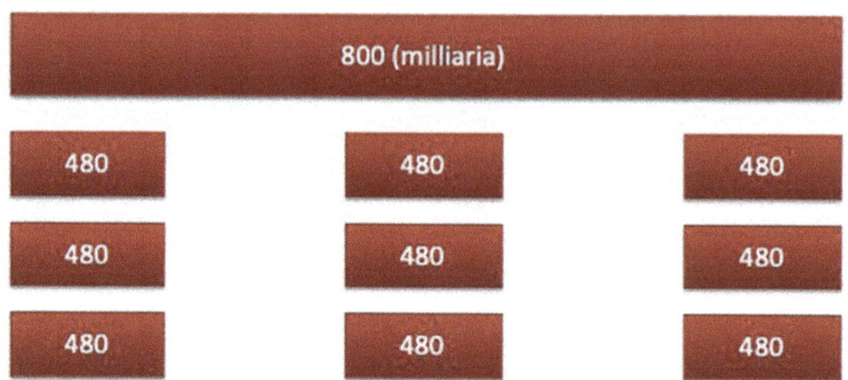

LE BATTAGLIE DI ROMA

Teutoburgo, 9 d.C. Nel settembre dell'anno 9 d.C. le legioni XVII, XVIII e XIX, tre Alae di cavalleria e 6 coorti di fanteria ausiliarie al comando di Publio Quintilio Varo, per un totale di circa 20.000 uomini, caddero in una imboscata nella Selva di Teutoburgo (attuale Kalkriese). Ad attaccarli furono le tribù germaniche dei Cherusci, dei Bructeri e dei Marsi, comandate da Armino, figlio del capo dei Cherusci e ufficiale romano di rango equestre: il loro numero si aggirava intorno ai 25.000 guerrieri. La battaglia durò per tre giorni e terminò con l'annientamento dell'esercito romano, e dei civili al suo seguito. Anche le aquile delle legioni andarono perdute e Varo si suicidò non sopportando l'onta della sconfitta. Il massacro di Teutoburgo fu chiamato *clades Variana* (disastro di Varo) e verrà ricordato nella storia di Roma come uno dei giorni più funesti. Augusto si aggirò a lungo tra le mura del suo palazzo ripetendo la frase: «Varo rendimi le mie legioni».

Arduba e Andetrium, 9 d.C. Si tratta di due assedi condotti da Germanico che posero termine alla rivolta dalmato-pannonica che imperversò tra il 6 e il 9 d.C. Davanti ad Andetrium Germanico si ricongiunse con le truppe del legato Marco Emilio Lepido e diede battaglia ai Dalmati di Batone. Ottenuta la vittoria, ai due comandanti romani furono concessi gli *ornamenta triumphalia*. Durante questa rivolta furono impegnati quasi 120.000 soldati romani, tra legionari e ausiliari, e più di 200.000 Dalmati e Pannoni.

Idistaviso, 16 d.C. Al termine di una campagna durata due anni, Germanico sconfisse le tribù germaniche comandate da Arminio nelle vicinanze del fiume *Visurgi* (Weser). L'esercito romano erano composto da 8 legioni, 1000 pretoriani, 40 coorti di fanteria ausiliaria, 8 *Alae* di cavalleria, 2 *Alae* di arcieri a cavallo e 5.000 alleati Batavi, Frisoni e Cauci, per un totale di 55.000 uomini. L'esercito avversario contava circa 50.000 armati. La battaglia fu combattuta in due fasi, la prima nella piana di Idistaviso, mentre la seconda appena più a nord, di fronte al vallo degli Angrivari. I romani uscirono vittoriosi dalle due battaglie, ma ottennero solo di vendicare la sconfitta subita da Varo sette anni prima. Tiberio preferì non occupare i territori ad est del Reno, fissando i confini dell'impero sulla riva sinistra del fiume.

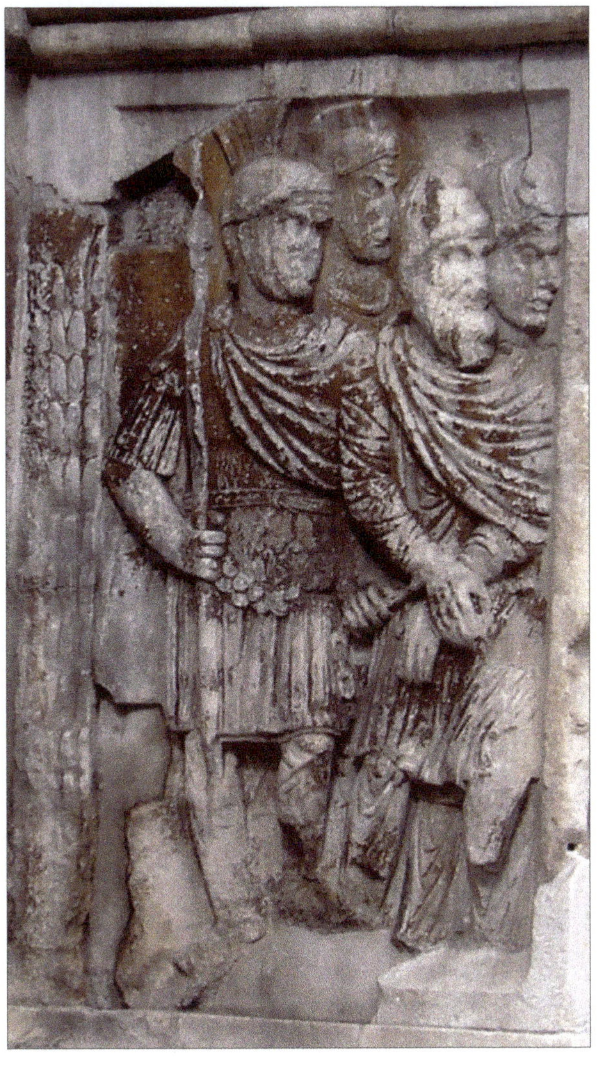

▶ **Soldato romano** con barbaro prigioniero, dai rilievi di Marco Aurelio, fine II secolo d.C., Arco di Costantino, Roma.

Roman soldier with barbarian captive from the reliefs of Marcus Aurelius, end of 2nd century AD, Arch of Constantine, Rome.

Medway, 43 d.C. La battaglia si svolse nell'attuale zona del Kent, nei pressi del fiume Medway, tra le truppe romane da poco sbarcate in Britannia, comandate dal legato Aulo Plauzio, e i Britanni della tribù dei Catuvellauni agli ordini di Togodumno e Carataco. L'esercito di Plauzio era composto da 4 legioni supportate da unità ausiliarie di fanteria e cavalleria, per un totale di circa 30.000 uomini e le ostilità iniziarono quando la *Legio* II *Augusta*, al comando del futuro imperatore Vespasiano, attraversò il fiume completamente equipaggiata, sorprendendo i Britanni trincerati sull'altra sponda. La battaglia durò due giorni e fu decisa da una carica di cavalleria guidata da Osidio Geta, premiata con un trionfo, raro onore per chi non aveva almeno il titolo di console. Togodumno fu ucciso e i territori dei Catavellauni furono conquistati dai Romani: i Britanni si ritirarono oltre il Tamigi.

Caradoc, 51d.C. Carataco, sfuggito alla cattura a Medway, si era messo a capo delle tribù dei Siluri e degli Ordovici, popolazioni dell'attuale Galles, e con esse conduceva azioni di guerriglia contro le truppe romane. Il governatore della Britannia, Publio Ostorio Scapula, lo intercettò e lo sconfisse nei pressi di Caer Caradoc, catturandone moglie e figlia. Carataco si rifugiò presso la tribù dei Briganti, ma la loro regina, Cartimandua, alleata di Roma, lo consegnò a Scapula. Carataco fu condotto prigioniero nell'Urbe, dove trascorse il resto dei suoi giorni.

Watling Street, 61 d.C. Il proconsole Gaio Svetonio Paolino, al comando di circa 10.000 legionari, si scontrò contro i 200.000 Britanni guidati dalla regina degli Iceni, Budicca. Nonostante la netta inferiorità numerica, i Romani ottennero una vittoria decisiva, uccidendo quasi 80.000 nemici e perdendo meno di 400 uomini. Budicca si suicidò al termine della battaglia, che pose fine alla rivolta scoppiata nella Britannia orientale mentre Paolino era impegnato in una campagna contro i druidi dell'isola di Langley. Durante la rivolta furono saccheggiate e distrutte le città romane di *Camulodunum* (Colchester) e *Londinium* (Londra) e sconfitta la *Legio* VIII *Hispana* guidata dal governatore Quinto Petillio Ceriale.

Bedriacum, 69 d.C. Fu combattuta il 14 aprile nelle vicinanze di Cremona, fra i 60.000 uomini delle legioni del Reno comandati da Cecina Alieno e Fabio Valente, generali di Vitellio, contro le legioni e le coorti pretoriane di Otone, 50.000 soldati al comando di Svetonio Paolino e Licinio Proculo. La battaglia fu decisa dagli ausiliari batavi che sbaragliarono il fianco dello schieramento di Paolino. Vitellio entrò trionfalmente nel campo avversario a Bedriaco, acclamato dalle truppe sconfitte, e Otone si suicidò.

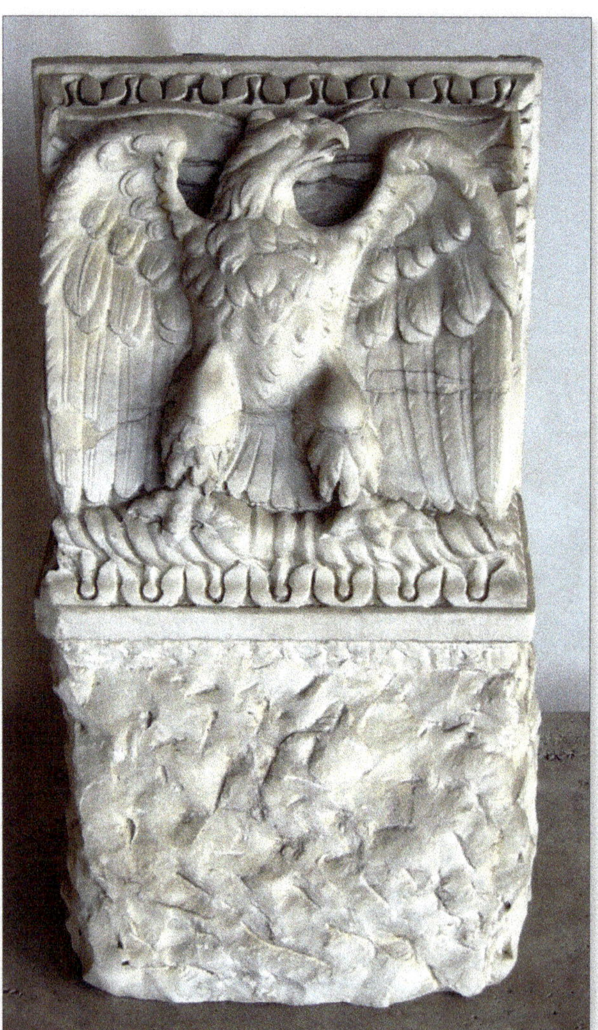

◄ **Rilievo in pietra con aquila imperiale,** I-II secolo d.C., Terme di Diocleziano, Museo Nazionale Romano, Roma.
Stone relief with imperial eagle, 1st to 2nd century AD, Terme di Diocleziano, Museo Nazionale Romano, Rome.

► Cartina dell'Impero romana al tempo di Traiano.
Map of Roman empire at the time of Trajan.

Cremona, 69 d.C. Chiamata anche seconda battaglia di Bedriaco, si svolse il 24 ottobre tra le cinque legioni danubiane comandate dal legato Marco Antonio Primo, che sostenevano il partito di Vespasiano, e le cinque comandate dall'imperatore Vitellio. L'esercito di Vitellio, composto anche da *vexillationes* di altre sette legioni e da numerosi ausiliari, era comandato ancora da Cecina. Lo scontro fu molto sanguinoso e durò fino all'alba del 25 ottobre, quando Antonio riuscì a sfondare le linee nemiche ed entrare a Cremona. Vitellio fu fatto prigioniero e Vespasiano divenne unico imperatore.

Gerusalemme, 70 d.C. L'assedio di Gerusalemme fu l'episodio decisivo della prima guerra giudaica, e fu condotto dalle quattro legioni comandate da Tito, figlio dell'imperatore Vespasiano. L'assedio iniziò a marzo, con la costruzione di un grande campo e di tredici forti collegati fra di loro da un lungo trinceramento per impedire agli abitanti di Gerusalemme di abbandonare la città.
A causa delle continue sortite dei Giudei, che provocavano numerose vittime tra i Romani, Tito , a maggio, decise di dare l'assalto alla terza cinta di mura della città, distruggendola. L'avanzata proseguì con il superamento anche della seconda cinta di mura e l'attacco alla Fortezza Antonia, posta a nord del Monte del Tempio e chiave difensiva di Gerusalemme. I combattimenti si protrassero fra le strade della città, ma i Romani non riuscirono a sfondare e furono costretti a fermarsi. Costruirono un nuovo muro e cominciarono la costruzione delle torri di assedio per l'attacco finale, che avvenne in agosto, con la distruzione della Fortezza e del Tempio. Molti Ebrei fuggirono attraverso tunnel sotterranei, ma altri, tra cui gli Zeloti, continuarono a combattere, resistendo fino agli inizi di settembre. Oltre ai 13.000 guerrieri che difendevano Gerusalemme, furono sterminati anche 50.000 civili.

Masada, 73 d.C. La fortezza di Masada fu assediata dalla *Legio X Fretensis*, comandata da Lucio Flavio Silva. La posizione rendeva Masada praticamente imprendibile e per questo le opere d'assedio durarono circa tre anni, con la costruzione di un vallo trincerato che circondava la fortezza e di una immensa rampa, composta di pietre e terra, che permettesse di portare le torri di assedio a ridosso delle mura. Quando finalmente i legionari riuscirono a entrare nella cittadella, scoprirono che tutti i difensori

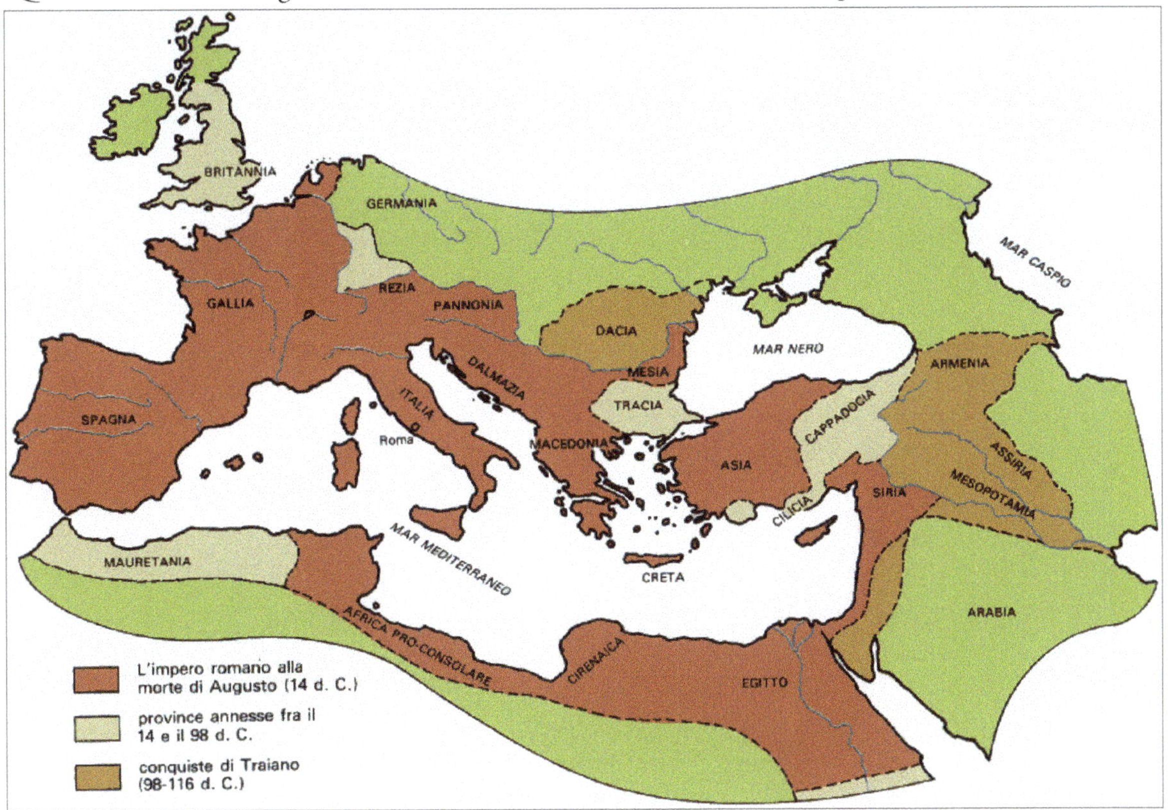

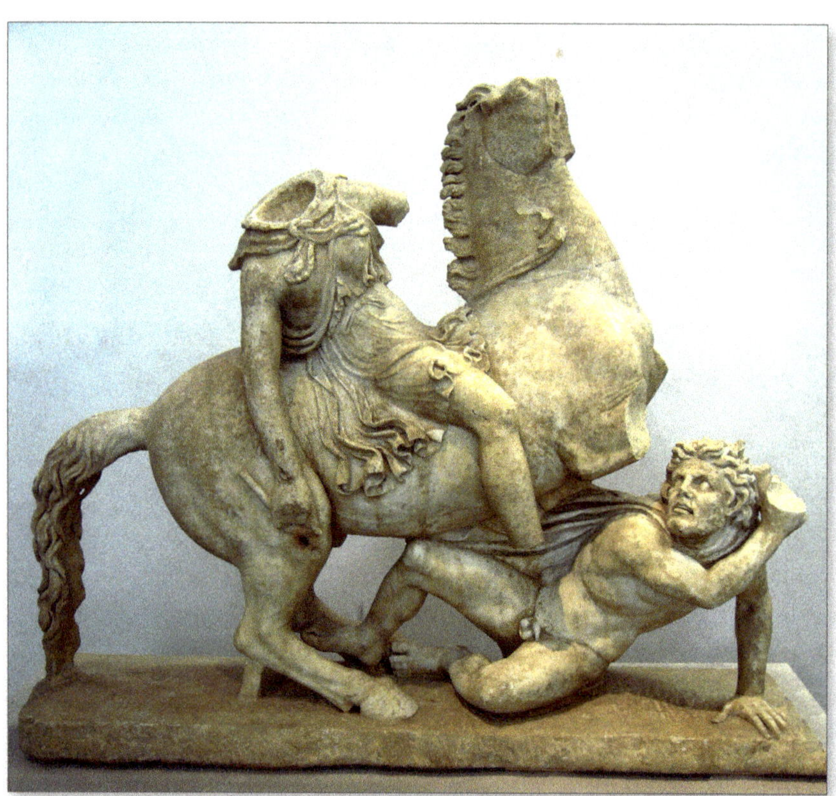

◄ **Cavaliere romano** colpisce un barbaro, dalla villa imperiale di Anzio, I secolo d.C., rielaborazione presso Palazzo Massimo, Museo Nazionale Romano, Roma.

Roman cavalryman with a barbarian warrior, 1st century AD, copy in the Palazzo Massimo, Museo Nazionale Romano, Rome.

► **Scena di battaglia tra Romani e Germani,** sul sarcofago di Portonaccio, 172-175 d.C., Palazzo Massimo, Museo Nazionale Romano, Roma.

Battle scene with Romans and Germans, reliefs on the sarcophagus of Portonaccio, 172-175 AD, Palazzo Massimo, Museo Nazionale Romano, Rome.

zeloti e i loro familiari si erano appena suicidati in massa. Con la conquista di Masada terminava la prima guerra giudaica.

Monte Graupius, 84 d.C. Il governatore della Britannia, Gneo Giulio Agricola, durante la campagna per consolidare il potere romano sull'isola, spostò il suo esercito di 20.000 uomini, composto soprattutto da ausiliari, in Caledonia, per bloccare le incursioni delle tribù del nord. Alle pendici del Monte Graupio trovò schierato un esercito caledone di 30.000 guerrieri guidati da Calgaco. Agricola diede battaglia, che fu vinta soprattutto grazie alla ferocia combattiva degli ausiliari batavi e alla cavalleria romana che mise in fuga i carri da guerra nemici. I Caledoni persero più di 10.000 uomini contro poche centinaia dei romani.

Tapae, 88 d.C. La prima battaglia di Tapae fu combattuta e vinta dall'imperatore Domiziano per vendicare la sconfitta subita dai Romani di Cornelio Fusco due anni prima, probabilmente nella stessa località. L'esercito romano era composto da più di 100.000 soldati, fra legionari e ausiliari, mentre i Daci, guidati dal loro re Decebalo, superavano le 200.000 unità, senza contare gli alleati Bastarni e Roxolani. Le perdite furono ingenti da ambo le parti e la vittoria romana, pur non decisiva, costrinse Decebalo a rinunciare alle sue mire espansionistiche sulla Mesia.

Tapae, 101d.C. Sempre a Tapae Decebalo si trovò costretto ad accettare battaglia contro l'esercito di invasione romano guidato da Traiano. L'imperatore aveva ai suoi ordini circa 80.000 uomini mentre i Daci erano più del doppio. Lo scontro fu sanguinosissimo, con numerose perdite tra i due schieramenti. La vittoria arrise a Traiano, ma Decebalo poté ritirarsi su una linea difensiva davanti alla sua capitale, Sarmizegetusa. I Romani, a causa del sopraggiungere dell'inverno, dovettero rimandare l'offensiva all'anno dopo.

Hulpe, 102 d.C. Ripresa l'offensiva a marzo, Traiano, superate le Porte di Fuoco, attaccò le fortezze dacie dei monti Orastie: mentre preparavano l'assedio a una di queste, la *Legio XXX Ulpia* e la XXI *Rapax*, furono assalite dai Daci. La situazione divenne subito critica, ma i legionari furono salvati dall'intervento di due *Alae* di cavalleria pesante e da due unità di frombolieri, i *Symmachiarii*. Ristabilita la situazione, i romani conquistarono la fortezza.

Sarmizegetusa, 106 d.C. Le truppe di Traiano asserragliarono Decebalo e i seguaci rimastigli fedeli all'interno della capitale dacica, Sarmizegetusa. L'assedio fu duro e sanguinoso e si risolse grazie alle macchine da guerra progettate e fatte costruire da Apollodoro di Damasco, architetto preferito dell'imperatore romano. Con la caduta della città, e la successiva morte del re dei Daci, si concluse anche la seconda guerra dacica: il Paese fu definitivamente conquistato e divenne una provincia dell'impero.

Tigris, 115 d.C. Mentre Traiano con otto legioni si apprestava ad attraversare il fiume Tigri, fu attaccato da un numeroso contingente di Parti. Grazie all'aiuto delle macchine da guerra e degli arcieri imbarcati sulle navi che incrociavano sul fiume, i Romani riuscirono a guadarlo, respingere i Parti e mettere sotto assedio la loro capitale Ctesifonte.

Hatra, 117 d.C. Durante la fulgida carriera militare di Traiano, l'assedio alla città araba di Hatra, sul fiume Tigri, fu il suo unico insuccesso, che costò ai romani numerose perdite. Traiano dovette ritirarsi anche perché le sanguinose rivolte in Siria e Giudea lo costrinsero a spostare altrove le sue truppe. Nel viaggio di ritorno a Roma l'anziano imperatore morì e il suo successore Adriano preferì abbandonare le conquiste ottenute da Traiano in oriente e consolidare i confini dell'Impero.

Aquileia, 168 d.C. Nonostante gli accordi stipulati con i barbari da Marco Aurelio, nel 167 d.C., I Quadi e i Marcomanni, si spinsero nell'Italia settentrionale, attraverso la Pannonia, giungendo ad assediare Aquileia. Furono bloccati davanti alle mura della città e respinti dall'esercito imperiale

Issus, 194 d.C. La battaglia fu combattuta presso Isso, tra la Cilicia e la Siria, dalle legioni pannoniche di Settimio Severo e quelle orientali di Pescennio Nigro, ambedue pretendenti al trono imperiale. Le truppe di Settimio Severo erano comandate da Cornelio Anullino, con Valeriano a capo della cavalleria. L'attacco fu portato in salita con la formazione a *testudo* contro i Cancelli Cilici, uno stretto passaggio tra i monti del Tauro e il fiume Tarso, difesi dai soldati di Nigro. La vittoria arrise ad Anullino, Pescennio Nigro fu ucciso qualche giorno dopo e Settimio Severo ottenne la sua quarta proclamazione a imperatore.

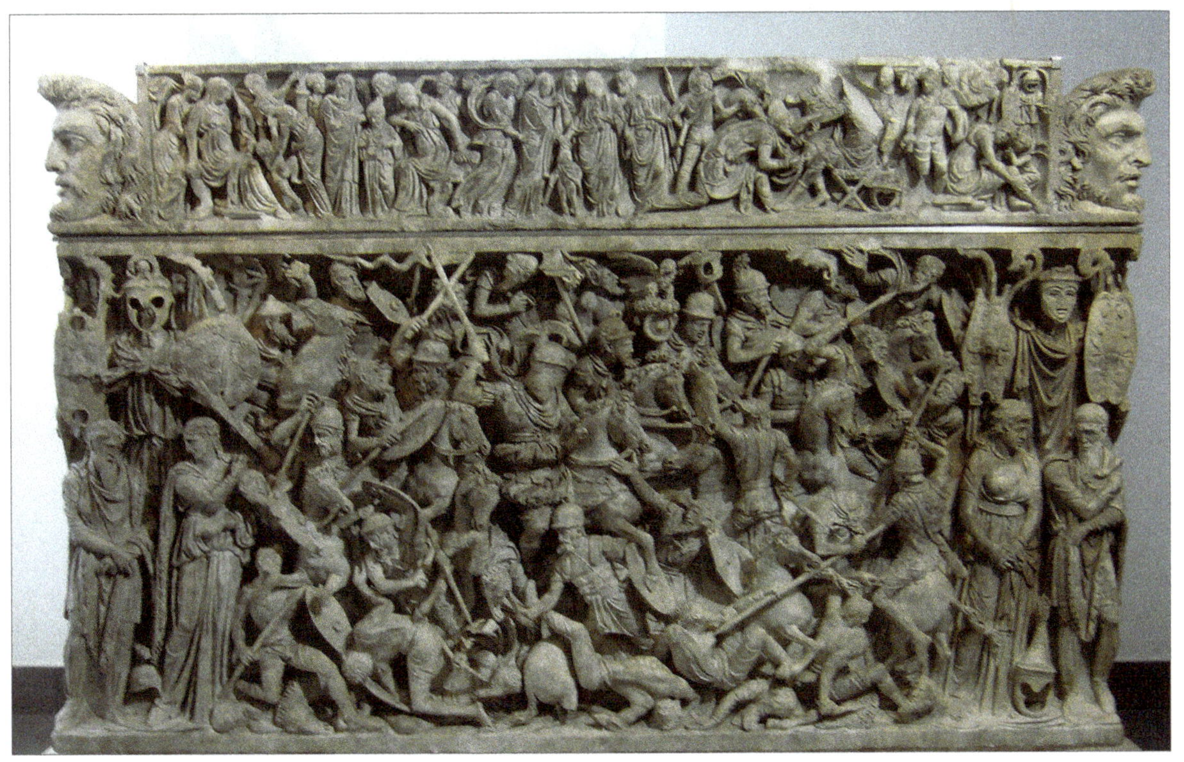

Lugdunum, 197 d.C. Clodio Albino, acclamato imperatore dalle legioni dell'Occidente, forte di 150.000 uomini, mosse dalla Britannia in Gallia e si scontrò davanti a Lione con l'esercito di Settimio Severo, dal quale fu sconfitto e ucciso. Dopo questa vittoria Settimio Severo divenne il padrone assoluto dell'impero.

Ctesifonte, 197 d.C. Varcato l'Eufrate presso Zeugma, Severo diresse le sue truppe verso Edessa, che si arrese senza resistere. L'avanzata continuò fino alla capitale dei Parti, Ctesifonte, che fu messa sotto assedio e non riuscì a resistere alla imponente armata romana composta da 150.000 uomini. Prima della capitolazione il re Vologase V fuggì, lasciando la città in mano ai Romani che la saccheggiarono trucidando la popolazione.

Hatra, 198-199 d.C. Sottomessa la Mesopotamia, Settimio Severo tentò per ben due volte di conquistare la fortezza araba di Hatra, ma, come il suo predecessore Traiano, non vi riuscì, soprattutto per la carenza di macchine da guerra che erano andate distrutte durante la campagna. Nella seconda occasione, durante un combattimento, rischiò di essere ucciso e decise così di abbandonare l'assedio.

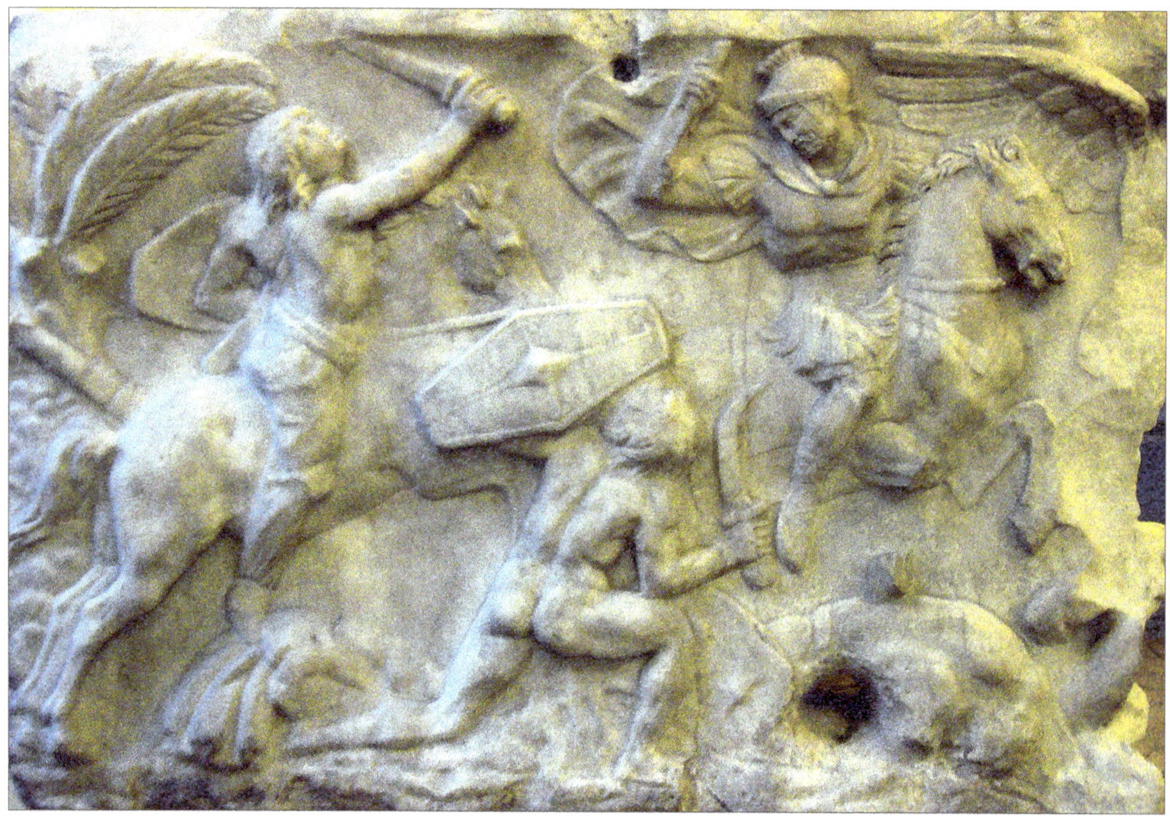

▲ **Rilievo laterale di sarcofago** con scene di battaglia, II secolo d.C., Palazzo Altemps, Museo Nazionale Romano, Roma.
Lateral reliefs of roman sarcophagus, with battle scene, 2nd century AD, Palazzo Altemps, Museo Nazionale Romano, Rome.

▶ **Busto dell'imperatore Marco Aurelio, 161-180 d.C.,** Musei Capitolini, Roma.
Bust of emperor Marcus Aurelius, 161-180 AD, Musei Capitolini, Rome.

I CONDOTTIERI DI ROMA

Marco Valerio Messalla Corvino (68 a.C. – 8 d.C.), appartenente alla dinastia Valeria, combatté a fianco di Bruto e Cassio a Filippi, 42 a.C., per poi allearsi con Antonio e infine con Ottaviano durante l'ultima parte delle guerre civili. Eletto console nel 31, partecipò alla battaglia di Azio. In seguito ebbe il comando delle legioni in oriente e, nel 27 a.C., celebrò il trionfo per la vittoria dell'anno prima contro gli Aquitani. Con l'avvento del principato abbandonò la vita pubblica, dedicandosi alla letteratura e alle arti, di cui divenne patrono.

Marco Vipsanio Agrippa (63-12 a.C.), di origini modeste e amico fin dall'infanzia di Ottaviano, con lui servì sotto Giulio Cesare come ufficiale di cavalleria durante la battaglia di Munda, 45 a.C.
Nel 44 a.C. assunse il comando delle legioni macedoni in Grecia e con esse combatté a Filippi come secondo in comando di Ottaviano. Nel 40 a.C. sconfisse a Perugia un esercito alleato di Antonio e, due anni dopo, con il grado di proconsole, sedò una rivolta degli Aquitani e respinse alcune incursioni dei Germani e degli Ubii. Tornato a Roma rinunciò al trionfo, ma accettò il suo primo consolato.
Nel 36 a.C., come ammiraglio della flotta, nonostante la sconfitta di Messina, distrusse completamente la flotta di Sesto Pompeo a Milazzo e Nauloco, vittorie per le quali ottenne la corona rostrata.
Come legato sconfisse i Gepidi a *Metulum* e, nuovamente con il grado di ammiraglio, ottenne la sua più importante vittoria nella battaglia navale di Azio, 31 a.C., quando le forze di Antonio e Cleopatra furono definitivamente battute. Nel 19 a.C., dopo avere sedato una rivolta in Gallia, come proconsole, sconfisse i Cantabri in Spagna, ma non celebrò il secondo trionfo che gli era stato assegnato, cosa che si ripeté nel 14 a.C., dopo che ebbe battuto i Bosforiani. L'ultima campagna che lo vide vittoriosamente impegnato fu quella contro i Pannoni nel 12 a.C.

Tiberio Claudio Nerone, poi Tiberio Giulio Cesare Augusto (42 a.C. – 37 d.C.)
Figlio della terza moglie di Augusto, Tiberio fu inviato, ancora sedicenne, in Spagna nel 25 a.C. con il grado di tribuno militare. Sotto il comando di Agrippa partecipò alla guerra cantabrica, che si concluse nel 19 a.C. Durante l'inverno del 20-21 a.C. fu inviato in Armenia al comando di una legione per appoggiare l'ascesa al trono di Tigrane, capo della fazione filo-romana: fu presente alla restituzione ad Augusto delle aquile prese dai Parti a Carre, nel 53 a.C., dove Crasso ed il suo esercito erano stati sconfitti. Nel 16 a.C., nominato pretore, accompagnò Augusto in Gallia e partecipò ad una

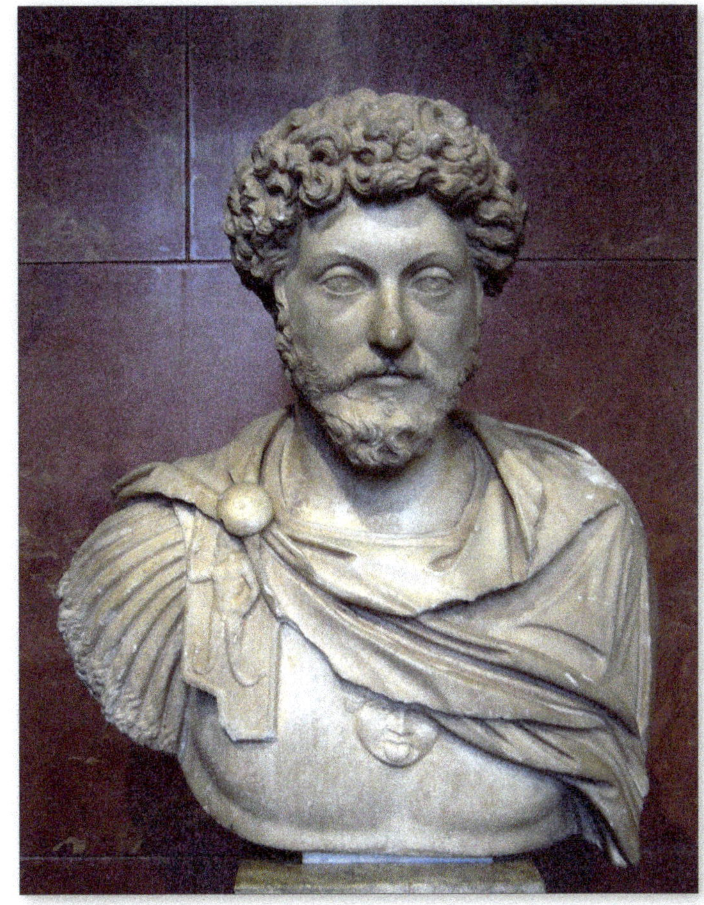

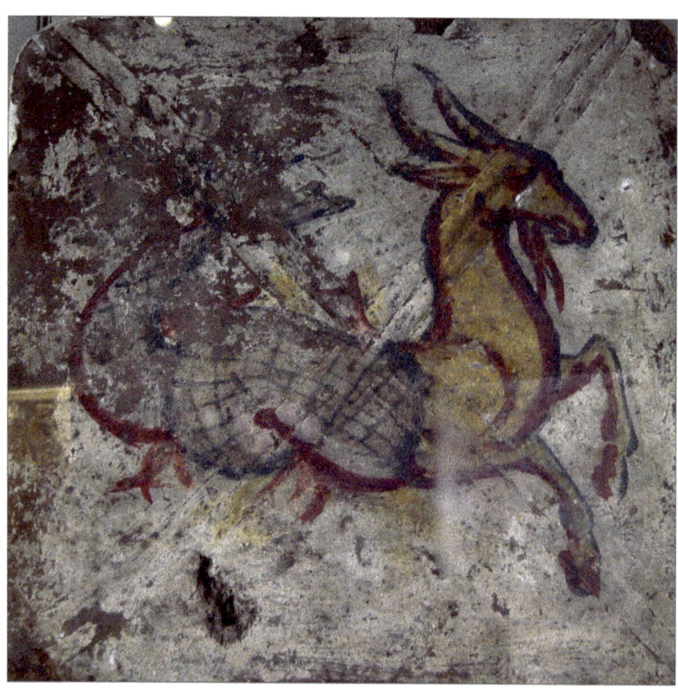

spedizione punitiva oltre il Reno contro i Sicambri, Tencteri e Usipeti. Nel 15 a.C., insieme al fratello Druso, combatté i Reti, stanziati nel Norico, e i Vindalici. La campagna continuò vittoriosa fino alle sorgenti del Danubio, allargando il controllo dell'impero a tutto l'arco alpino. Tiberio si era ormai guadagnato la fama di ottimo comandante e fu così eletto console. Con tale grado, nel 13 a.C., fu inviato nell'Illirico, dove le popolazioni appena sottomesse da Agricola, si era ribellate alla notizia della morte del loro conquistatore. Grazie alla sua astuzia e capacità strategica, sgominò gli eserciti dalmati, breuci e scordisci entro il 12 a.C. e, l'anno dopo, sconfisse i Pannoni, ottenendo l'ovatio e potendosi fregiare degli *ornamenta triumphalia*. Nel 10 a.C. sedò l'ennesima rivolta dei Pannoni e dei Dalmati, venendo ancora insignito degli *ornamenta triumphalia*. Il suo primo trionfo fu celebrato a Roma dopo la vittoria sui i Germani dell'8 a.C. Ritiratosi per circa 8 anni sull'isola di Rodi, e rientrato dall'esilio nel 4 d.C., fu adottato da Augusto, che, nel frattempo, era rimasto senza eredi maschi. Inviato in Germania con il grado di proconsole, conquistò il territorio fra il fiume Reno e l'Elba, sottomettendo le tribù dei Canninefati, Cattuari, Bructeri, Cimbri, Cauci e Senoni. L'ulteriore avanzata fu fermata da rivolte nell'Illirico e nella Pannonia, che costrinsero Tiberio a tornare sui suoi passi e impegnarsi nei seguenti due anni contro i Marcomanni, i Dalmati e i Pannoni. La vittoria finale ad Andertium, 9 d.C., gli fruttò il titolo di *imperator* e la possibilità di celebrare un nuovo trionfo, che dovette però posticipare a causa della sconfitta di Varo a Teutoborgo. Inviato di nuovo in Germania, riuscì a ristabilire l'ordine sul confine del Reno e riorganizzare le truppe romane e alleate. Nel 14 d.C., successe ad Augusto sul trono imperiale.

Druso Maggiore o Nerone Claudio Druso Germanico (38-9 a.C.)

Druso era fratello di Tiberio e figlio della terza moglie di Augusto, Livia Drusilla, ma fin dalla sua nascita girò la voce che il vero padre fosse l'imperatore. Fu avviato molto giovane alla carriera militare e, nel 16 a.C., come questore, condusse la sua prima campagna militare nella zone dei passi alpini della Rezia, contro le tribù dei Reti e dei Vindalici.

L'anno dopo, insieme al fratello Tiberio che proveniva con il suo esercito dalla Gallia Comata, mosse dalla Gallia Cisalpina, superò il Brennero, e, con una manovra a tenaglia, sconfisse i Reti, i Genauni e i Breuni. Come legato, condusse nel 13 a.C. le operazioni sul Reno contro le tribù ribelli, spingendosi fino al Weser e sull'Elba, realizzando una efficace rete di fortificazioni difensive. Nel 12 diede inizio alla sua prima campagna germanica, respingendo gli Usipeti, i Tencteri e i Sugambri, per poi spingersi, con una offensiva navale, fino alle terre dei Frisi e dei Cauci. Le operazioni continuarono nell'11 a.C., durante il quale ottenne un'*ovatio* e gli *ornamenta triumphalia* per la vittoria ad Arbalo contro gli

Usipeti e i Sugambri: i suoi soldati gli conferirono, nell'occasione, il titolo di *imperator*.

La nuova campagna iniziò nel 10, nel sud della Germania, contro le popolazioni dei Catti, Tencteri e Mattiaci, partendo dalla nuova fortezza di Magonza. Alla fine dell'anno si ricongiunse con le truppe di Augusto e Tiberio, con i quali rientrò a Roma, dove fu eletto console per l'anno 9.

Di nuovo in Germania, impegnato in combattimento contro i Cheruschi, gli Suebi e i Marcomanni, morì per le conseguenze di una caduta da cavallo. Le sue ceneri furono deposte nel Mausoleo di Augusto, fu proclamato nuovamente *imperator* e alla sua discendenza fu attribuito il titolo di *Germanicus*.

Gaio Giulio Cesare Claudiano Germanico (15 a.C.-19 d.C.)

Figlio di Druso Maggiore e Antonia Minore (figlia di Marco Antonio), fratello di Claudio e padre di Caligola, futuri imperatori, fu adottato da Tiberio come suo successore designato per ordine di Augusto.

Nel 7 d.C. partecipò come questore, a fianco di Tiberio, alla sua prima campagna militare, contro i Dalmati e i Pannoni. Dopo la battaglia di Arduba, 9 d.C., ricevette gli *ornamenta triumphalia*. Nel 10 d.C., sempre sotto il comando dello zio, si recò in Germania, per rinforzare i confini dopo il disastro di Teutoburgo. L'anno dopo condusse le sue prime operazioni contro i Frisoni e i Cauci, sulla costa del Mare del Nord.

Eletto console nel 12 d.C., nel 13 fu inviato in Germania al comando delle legioni del Reno. Tra il 14 e il 16 d.C. condusse tre campagne contro le tribù dei Marsi, Brutteri, Catti e Cheruschi, recuperando due delle aquile perse dalle legioni di Varo e sconfiggendo la coalizione germanica a Idavisto. Tornato a Roma, celebrò i due trionfi che gli furono attribuiti e gli fu affidato l'incarico di comandare le legioni in oriente per risolvere il problema dell'Armenia, contesa tra i Romani e i Parti. Giunto i Siria nel 18 d.C., consolidò la monarchia armena, e aprì una serie di negoziati con il re di Persia. L'anno dopo cadde malato e morì ad Antiochia, con la convinzione di essere stato avvelenato su ordine dello zio Tiberio.

Aulo Plauzio. Poco si sa delle prime imprese militari di Plauzio, se non che nel 29 d.C. fu governatore della Pannonia. Nel 43 d.C. l'imperatore Claudio gli affidò il compito di condurre l'invasione della Britannia, al comando di quattro legioni, la *IX Hispana*, la *II Augusta*, la *XIV Gemina* e la *XX Valeria Victrix*, e di più di 20.000 ausiliari, tra cui molti Batavi e Traci. Raggiunte le coste settentrionali della Gallia e sedato un tentativo di ammutinamento delle truppe che si erano rifiutate di attraversare l'*Oceanus*, sbarcò infine sull'isola, scontrandosi con i britanni della tribù dei Catuvellauni guidati da Togodumno e Carataco. Vittorioso sui fiumi Medway e Tamigi, Aulo Plauzio marciò verso la capitale dei Catuvellauni, *Camulodunum* (Colchester), conquistandola e costringendo le popolazioni britanniche ad accettare la pace. Plauzio divenne il primo Governatore della Britannia: rientrato a Roma alla fine del 47 d.C., gli fu attribuita una *ovatio*.

Gaio Svetonio Paolino. Le prime esperienze di comando le ebbe con il grado di legato di legione quando, nel 42 d.C., soppresse una rivolta in Mauretania. Nel 59 d.C. fu nominato governatore della Britannia, impegnandosi contro le tribù della parte occidentale dell'isola. Quando nel 61 d.C. attaccò l'isola di Mona, rifugio dei ribelli britanni e roccaforte dei druidi, la tribù degli Iceni, guidata da Boudicca, insorse, devastando le zone della Britannia orientale, mettendo a ferro e fuoco la città ormai romanizzata di *Camulodunum* e sconfiggendo la *IX Hispana*. Gli insorti proseguirono verso nord, dopo aver distrutto *Londinium e Verulanium* (St.Albans), ma furono fermati e sconfitti dall'esercito di Svetonio nei pressi dell'attuale Atherstone. Nel 64 fu inviato in Germania dove sedò nel sangue alcune rivolte e nel 66, richiamato a Roma, fu nominato console. Nel 69 a.C., durante le lotte civili che seguirono alla morte di Nerone, Svetonio si schierò dalla parte di Otone, e sconfisse le truppe di Vitellio a Cremona. Battuto a Bedriaco e catturato, fu perdonato da Vitellio e si ritirò dalla vita pubblica.

Gneo Domizio Corbulone (15-67 d.C.)

Nel 47 d.C. fu inviato come legato nella Germania inferiore, dove si distinse combattendo contro i Frisoni e i Cauci e si guadagnò la piena fiducia dei suoi soldati. Mandato da Nerone in oriente, prese il comando delle operazioni contro i Parti, che sconfisse ripetutamente conquistando Artaxata nel 58 e Tigranocerta l'anno dopo. Posto sul trono armeno Tigrane V, nel 63 d.C. concluse un accordo che riconosceva il protettorato romano sull'Armenia. Divenuto il generale più amato del suo tempo, fu richiamato in Grecia da Nerone, che, invidioso e timoroso che Corbulone potesse spodestarlo, decise la sua uccisione. Saputo di quello che lo attendeva, il generale si suicidò.

Tito Flavio Vespasiano – Cesare Vespasiano Augusto (9-79 d.C.)

Nato in Sabina da una ricca famiglia equestre, fu avviato fin da giovane alla carriera militare, servendo in Tracia prima e in Germania poi. Nel 43 d.C., al comando della *Legio II Augusta*, partecipò all'invasione della Britannia: conquistò l'isola di Whigt e penetrò fino ai confini dell'attuale Somerset. Nominato console nel 51 d.C., fu inviato come governatore in Africa nel 63 e, dopo avere seguito l'imperatore Nerone in Grecia, nel 66 d.C. venne incaricato della conduzione della guerra in Giudea, la cui popolazione era insorta contro il dominio romano. Nel 68, allo scoppio della guerra civile, fu proclamato imperatore dalle legioni di stanza in Siria, e poi da quelle in Egitto e Giudea. Quando anche le truppe accantonate in Illiria e Tracia si schierarono dalla sua parte, nel 69 a.C. entrò in Italia e si scontrò con l'esercito del neo imperatore Vitellio, composto dalle legioni provenienti dalla Gallia e dal Reno. La vittoria, ottenuta nella seconda battaglia di Bedriaco, arrise a Vespasiano che, dopo aver saccheggiato Cremona, entrò a Roma dopo una tenace resistenza da parte degli uomini di Vitellio. Divenuto imperatore, lasciò il comando delle operazioni in Giudea al figlio Tito, e si dedicò alla ristrutturazione dell'esercito e dell'apparato politico, nonché al risanamento delle finanze uscite esauste dalla guerra civile.

Tito Flavio Vespasiano – Tito Flavio Cesare (39-81 d.C.)

Figlio maggiore di Vespasiano, servì nell'esercito come tribuno militare dal 59 al 61 d.C., combattendo contro i Germani, e fu inviato in Britannia, al comando di alcuni

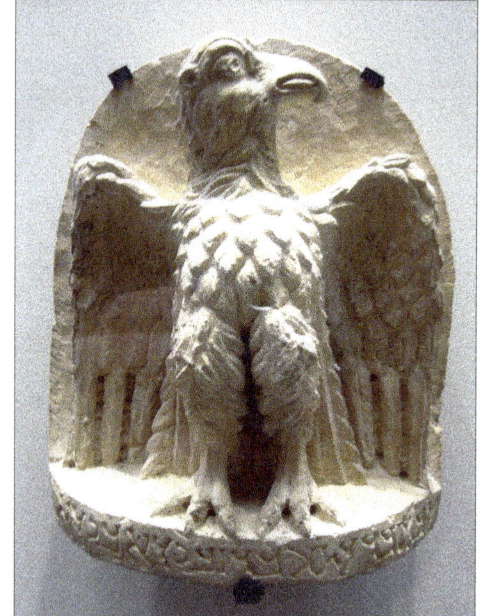

◀ **Rilievo di aquila imperiale, I-II secolo d.C.**, Museo del Louvre, Parigi.
Relief of imperial eagle, 1st to 2 nd century AD, Museè du Louvre, Paris.

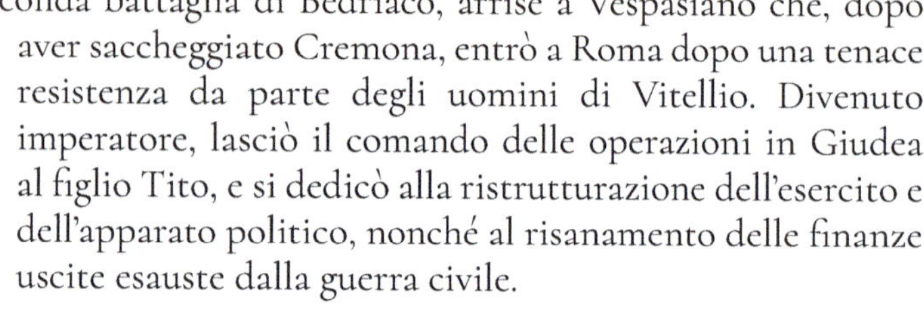

▶ **Legionari in tenuta da fatica** mentre scavano un fossato, I-II secolo d.C., gruppo di ricostruzione Associazione Culturale Legio I Italica di Villadose (Rovigo).
Legionaries in fatigue dress, 1st to 2nd century AD, Associazione Culturale Legio I Italica reenactors group of Villadose (Rovigo), Italy.

rinforzi, nel 63, durante la rivolta di Boudicca.

Nel 67 d.C., in Egitto, prese il comando della *Legio XV Apollinaris*, con la quale si trasferì in Giudea agli ordini del padre Vespasiano, incaricato di sedare le rivolte appena scoppiate.

Al comando della sua legione partecipò agli assedi di Iotopata e Giaffa e combatté nei dintorni di Tiberiade, Taricace e Gamala. Nel 69 ricevette da Vespasiano, impegnato nella "guerra dei quattro imperatori", il comando delle operazioni e, l'anno dopo, conquistò Gerusalemme, saccheggiandola e distruggendo il Tempio. Nel 71 a.C. rientrò a Roma per celebrare il trionfo che gli era stato attribuito, fu eletto console e prefetto della Guardia pretoriana. Alla morte del padre, avvenuta nel 79 d.C., fu proclamato imperatore, carica che occupò per soli due anni, quando morì per una febbre malarica, o, come si sospettò, per veleno. Gli succedette il fratello minore Domiziano.

Gneo Giulio Agricola (40-93 d.C.)

Iniziò la sua carriera militare in Britannia nel 58 d.C. e, sotto il comando di Svetonio Paolino, prese parte alla soppressione della rivolta degli Iceni guidata da Boudicca. Nel 64 a.C. servì in Asia e, durante le lotte civili, si schierò con Vespasiano.

Come premio fu inviato in Britannia al comando della *Legio XX Valeria Victrix*, cui impose un durissima disciplina e con la quale consolidò il potere romano sull'isola, distinguendosi nella campagna contro la tribù dei Briganti. Dopo essere stato governatore dell'Aquitania, rientrò a Roma nel 77 con il titolo di pontefice, per poi essere rispedito di nuovo in Britannia come governatore della colonia. Nel 78 d.C. mosse guerra agli Ordovici e riconquistò l'isola di Mona. Nell'80 d.C. si spinse con le sue legioni verso nord e, secondo quanto scritto da Tacito, sbarcò in Hibernia, l'attuale Irlanda, nell'82.

Nell'83 d.C. mosse guerra alla tribù scozzese dei Caledoni, sconfiggendoli nella battaglia del Monte Graupio. Richiamato, nell'85,a Roma dall'imperatore Domiziano che, invidioso dei suoi successi, gli offrì il governatorato dell'Africa, per allontanarlo dalle legioni a lui fedeli. Agricola rifiutò l'incarico e si ritirò a vita privata.

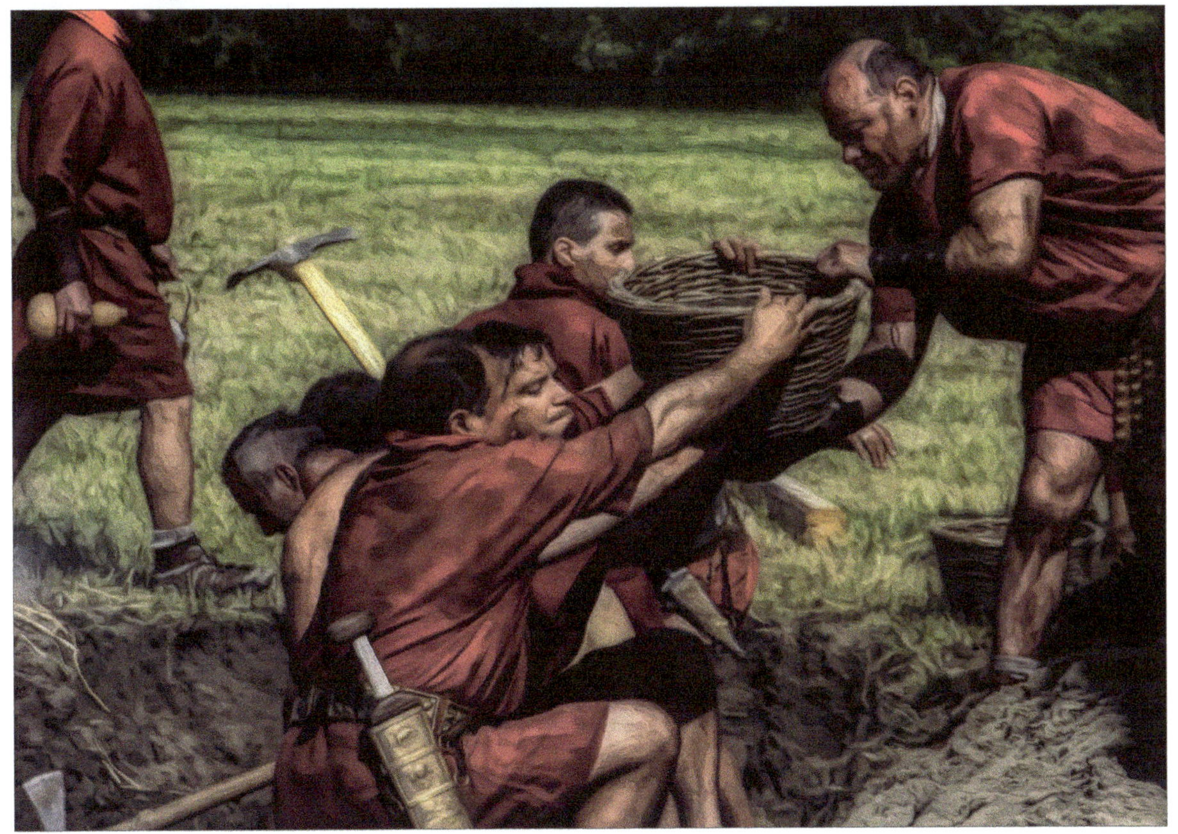

Marco Ulpio Nerva Traiano (53-117 d.C.)

Anche se di famiglia appartenente ai ranghi senatori, Traiano scelse di prestare servizio nell'esercito seguendo il *cursus honorum* ordinario, avendo così la possibilità di seguire da vicino la vita del soldato e dell'ufficiale. Fu prima questore, poi pretore, tribuno militare e legato, per poi essere nominato nel 96 d.C. governatore della Germania. Raggiunta la frontiera del Reno, prese parte alle campagne contro gli Suebi, distinguendosi come uno dei migliori comandanti dell'esercito.

Proprio per le sue capacità militari, dopo l'uccisione di Domiziano, fu adottato dal nuovo imperatore Nerva come suo successore. Nel 98 d.C. fu nominato imperatore, ma passò i primi due anni sul confine germanico per ripristinare l'ordine prima di giungere a Roma, dove si rivelò subito saggio e capace amministratore. Nel 101 d.C., attraversò il Danubio, invadendo la Dacia e costringendo, l'anno dopo, il re dei Daci, Decebalo, a sottomettersi al potere di Roma. Fu una campagna militare vinta soprattutto per merito della superiorità logistica romana, con un'unica battaglia campale combattuta a Tapae. Tornato a Roma, Traiano celebrò il suo primo trionfo.

Nel 105 d.C. l'imperatore decise di sferrare l'offensiva finale contro Decebalo, attaccando la Dacia con 13 legioni e i corrispettivi ausiliari. L'offensiva si concluse di fronte alle mura della capitale dacica, Sarmizegetusa: nel 106 la città cadde dopo un breve assedio, grazie all'uso delle micidiali macchine da guerra romane, molte delle quali progettate dall'architetto di Traiano, Apollodoro. Morto Decebalo, Traiano rientrò a Roma per celebrare un nuovo trionfo.

Nel 113 d.C. decise di ripristinare l'autorità romana in Armenia: dopo l'annessione del regno caucasico procedette verso sud-est, invadendo il regno dei Parti e conquistando Babilonia, Seleuca e la capitale Ctesifonte, nel 116 d.C. L'unico ostacolo si rivelò la città araba di Hatra, sul Tigri, che resistette all'assedio, provocando numerose perdite all'esercito romano. Ammalatosi, morì l'anno dopo in Cilicia, non riuscendo a celebrare l'ultimo trionfo che gli era stato concesso.

Sotto Traiano l'impero raggiunse il massimo della sua estensione territoriale e della potenza economica. Il suo titolo completo fu *Imperator, Caesar, Divi, Nervae filius, Marcus, Ulpius, Nerva, Traianus, Optimus, Augustus, Fortissimus, Princeps, Germanicus, Dacicus Parthicus, Maximus.*

Cesare Marco Aurelio Antonino Augusto (121-180 d.C.)

Succeduto allo zio Antonino Pio nel 161 d.C., si trovò subito in difficoltà sulla frontiera orientale, e fu costretto a inviare suo fratello, e co-imperatore, Lucio Vero, a ripristinare la situazione. La campagna durò fino al 166, quando le legioni, guidate da Marco Aurelio e Vero, occuparono la capitale persiana Ctesifonte, ponendo fine alle ostilità. I due furono acclamati per ben cinque volte *imperatores* e ottennero il privilegio di celebrare il trionfo, ma furono costretti a ritirare le legioni a causa di una micidiale epidemia di peste, che i soldati romani diffusero anche all'interno dei confini dell'impero, che ne fu flagellato per i

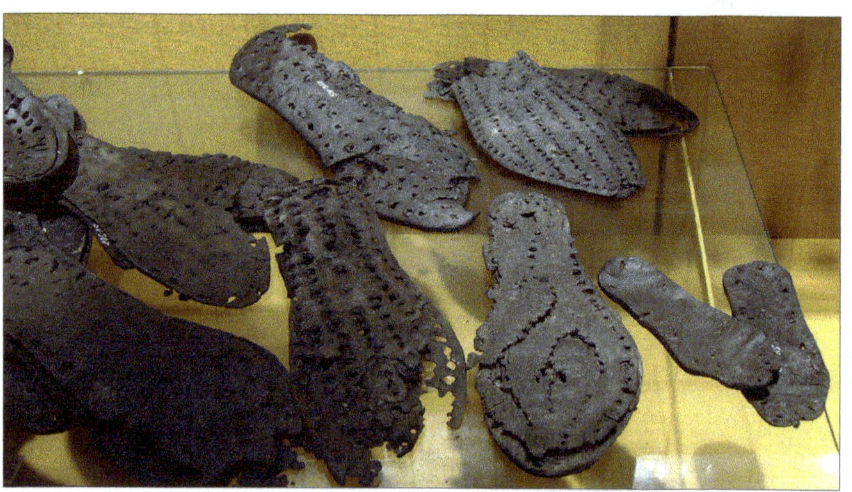

◄▲ **Suole di caligae,** I secolo d.C., museo del forte di Saalburg, Germania.

Soles of Caligae, 1st century AD, Saalburg fort museum, Germany.

► **Mattoni** con marchio della Legio XXII Primigenia Pia Fidelis, ricostruzione, I secolo d.C., museo del forte di Saalburg, Germania.

Bricks of Legio XXII Primigenia Pia Fidelis,copy, 1st century AD, Saalburg fort museum, Germany.

seguenti venti anni. Ma anche il confine germanico era in subbuglio, a causa della rivolta dei Pannoni e delle contemporanee incursioni di alcune tribù longobarde. Nel 168 d.C. Marco Aurelio sconfisse ad Aquileia i Quadi e i Marcomanni, dando inizio ad una estenuante guerra di confine con le popolazioni germaniche poste lungo il Danubio e il Reno. Nel 173, dopo una decisiva vittoria ancora contro i Marcomanni, celebrò il suo secondo trionfo (questa volta da solo perché Lucio Vero era morto nel 169 d.C.), ma le ostilità continuarono contro i Quadi e i Costoboci nel 174, gli Iazigi nel 175 e i Germani negli anni che andarono dal 177 al 180 d.C., quando Marco Aurelio si spense a Vindobona (Vienna), probabilmente di peste.

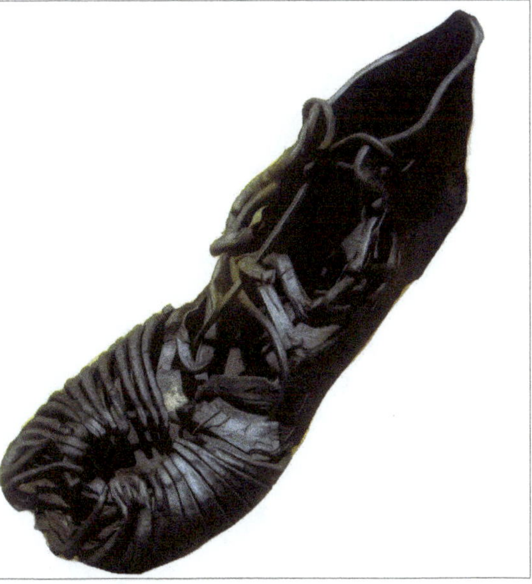

Lucio Settimio Severo (146-211 d.C.)

Quando era già al comando dal 190 d.C. delle legioni in Pannonia, nel 193 i soldati assassinarono Pertinace e proclamarono Settimio Severo imperatore. Severo impiegò i seguenti quattro anni per sconfiggere gli altri tre imperatori che erano stati, nel frattempo, eletti dalle proprie truppe: Didio Giuliano nel 193, Pescennio Nigro nel 194 e Clodio Albino nel 197 d.C., con la vittoria di Lione.

Tra il 194 e il 195 d.C. aveva intanto intrapreso una breve campagna contro i Parti, ripresa poi nel 197 una volta riunificati l'impero e che si concluse con la conquista della parte settentrionale della Mesopotamia, che divenne provincia, e il saccheggio della capitale Ctesifonte. Negli ultimi anni della sua vita, si trovò direttamente impegnato sul confine settentrionale della Britannia, allo scopo di ripristinare le opere difensive del Vallo di Adriano, contro le incursioni delle tribù caledoni degli Scoti, dei Pitti e dei Meati.

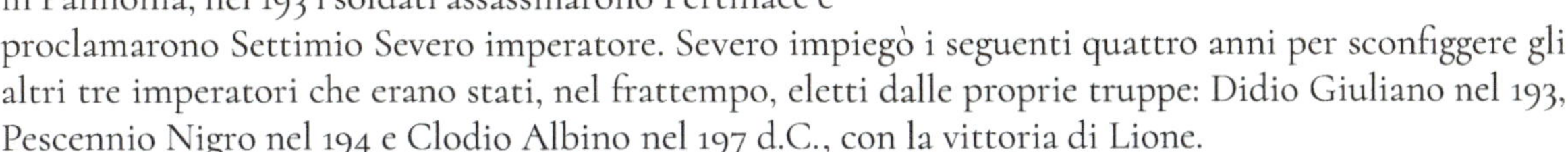

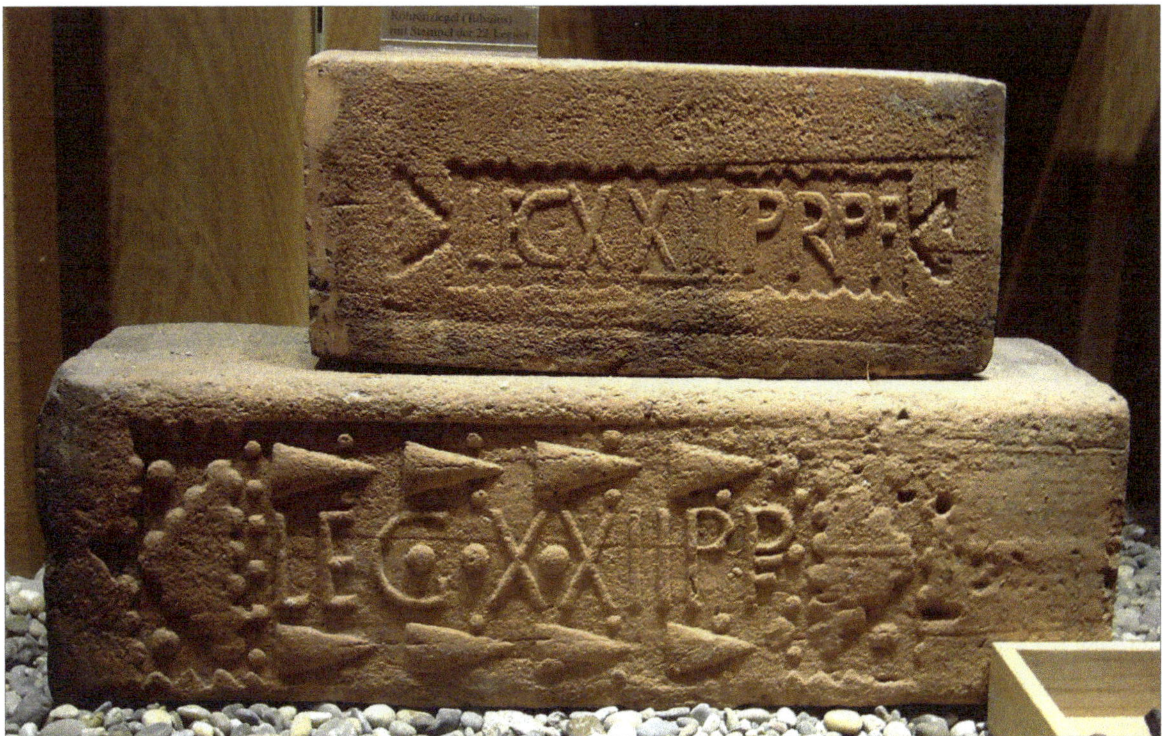

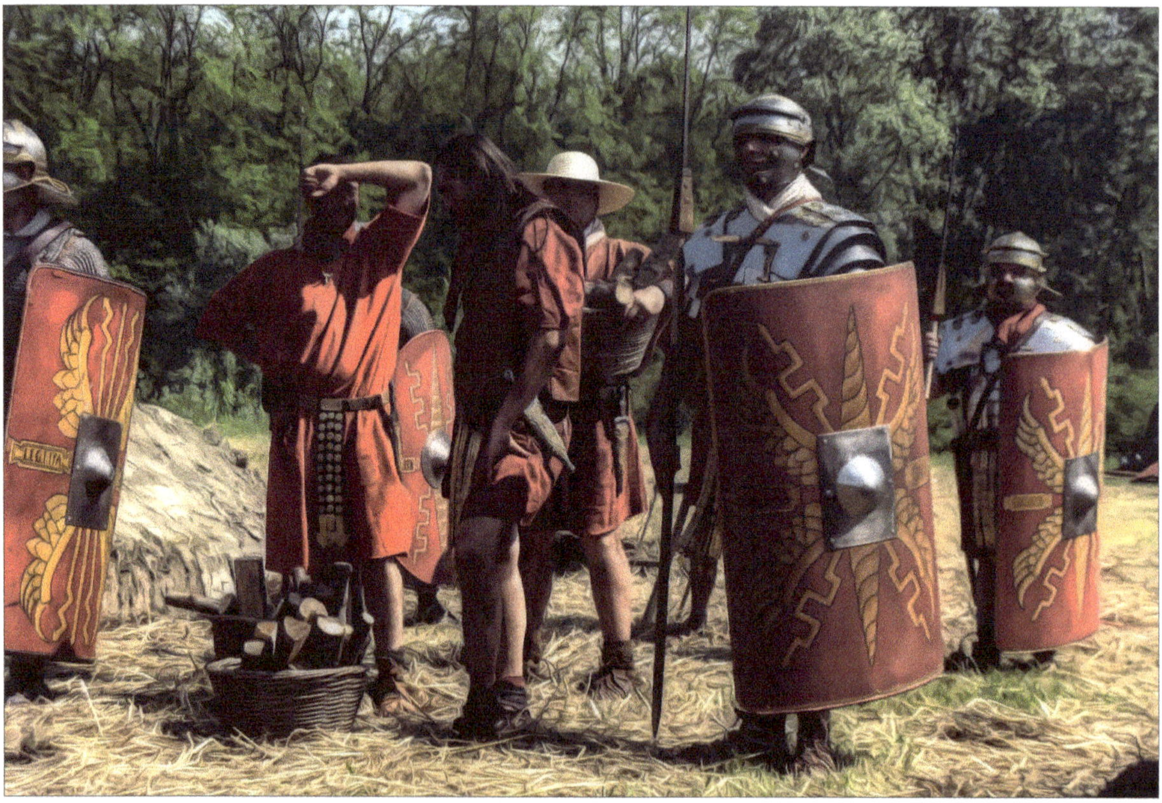

▲▼ Soldati romani in addestramento Iº Secolo d.C.
Roman soldiers in militarybtraining 1st century AD

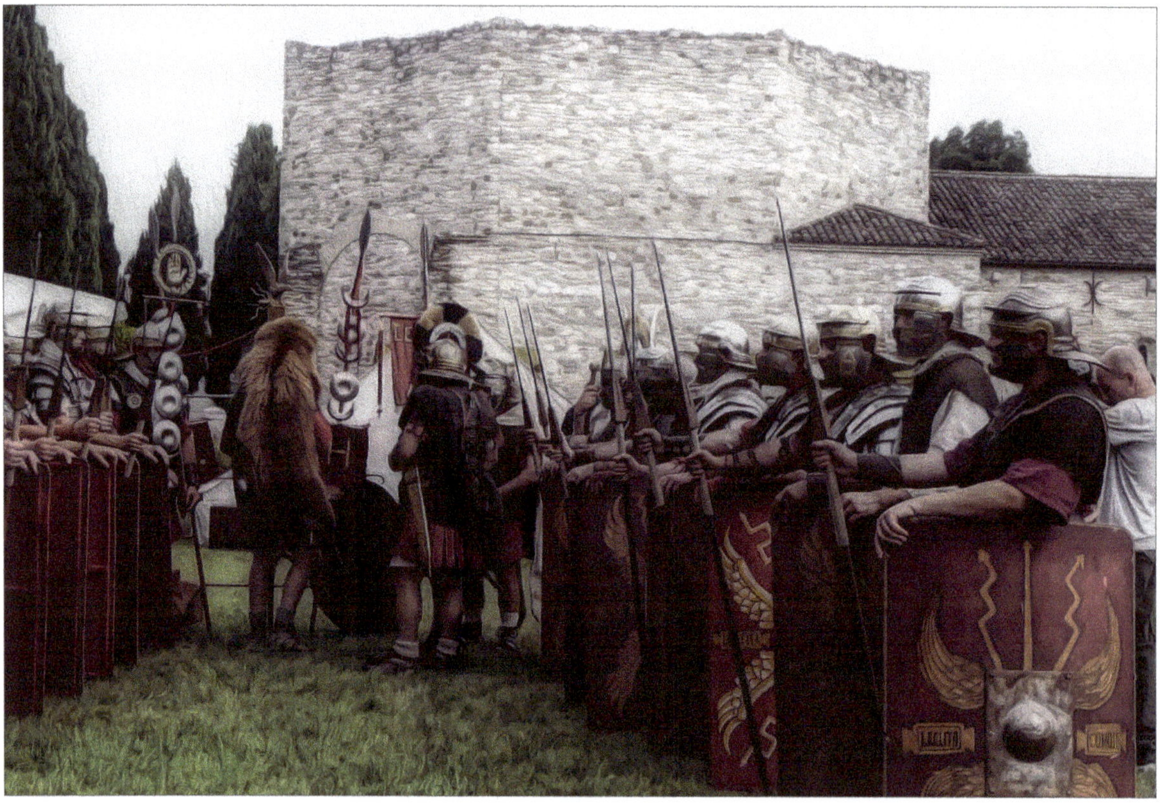

LE TAVOLE - THE PLATES

TAV. A: 1) Generale Romano, inizio I secolo d.C. La figura è l'esatta riproduzione della statua in bronzo di Germanico, che si trova presso il Museo Archeologico Nazionale di Perugia. La postura è quella classica di *adlocutio* alle truppe, con il braccio destro alzato. L'armatura anatomica è in cuoio scuro con decorazioni in bronzo dorato.
2) Aquilifero romano, metà I secolo d.C. Tratto dalla lastra tombale di Gneo Musio, aquilifero della *Legio XIIII Gemina Martia Victrix*, trovata a Magonza. È decorato con due *armillae* e nove *phalerae*. Lo scudo ovale porta incisi i simboli della legione.

TABLE A: 1) Roman General, early 1st Century AD. The figure is the same reproduction of Germanico's bronze statue, situated in the Archeological Museum of Perugia. Classical posture of adlocutio at the forces, with right arm raised. Anatomical armour is in dark leather with golden bronze decoration.
2) Roman Aquilifer, middle of 1st Century AD. Taking from Gneo Musio's tombstone, aquilifer of Legio XIIII Gemina Martia Victrix, found in Mainz. He is awarded with two armillae and nine phalerae. On the oval shield are incised the symbol of the legion.

TAV. B: 1) Legionario, metà I secolo d.C. Indossa una lorica segmentata tipo Corbridge "A" e un elmo imperiale gallico di tipo "E". Lo *scutum* è quello di nuova forma rettangolare e convesso.
2) Optio, metà I secolo d.C. L'armatura che porta è una *lorica hamata* completata da *pteryges* a protezione delle cosce e delle braccia. L'*optio* porta il bastone e l'anello e ha l'elmo completo di cresta bicolore e penne, tutti simbolo del suo grado.
3) Centurione, metà I secolo d.C. Tratto dalla lastra tombale di Quinto Sertorio Festo, centurione della *Legio XI Claudia Pia Fidelis*, dai pressi di Verona. La sua armatura è una *lorica plumata*, completa di *phalerae*. L'elmo con cresta trasversa è un imperiale gallico di tipo "G". Con la mano destra impugna il *vitis*, bastone di legno di vite simbolo del suo grado.
Table B: 1) Legionary, middle of 1st Century AD. He wore a lorica segmentata type Corbridge "A" and an imperial Gallic helmet type "E". The scutum has a new shape rectangular and convex
2) Optio, middle of 1st Century AD. His armour is an lorica hamata completed by pteryges to protect thighs and arms. The optio wears the stick and the ring and he has an helmet with bicoloured crest and feathers, all of them are symbol of his rank.
3) Centurion, middle of 1st Century AD. Taking from Quinto Sertorio Festo's tombstone, centurion of the Legio XI Claudia Pia Fidelis, near Verona. His armour is a lorica plumata, completed by phalerae. The helmet with transverse crest is an imperial Gallic type "G" . He hold with his vitis, vine cudgel symbol of his rank.

TAV. C: 1) Legionario con cane da guerra, metà I secolo d.C. Il *miles* indossa una *lorica hamata* con *pteryges* e doppio *cingulum*, con gladio a destra e *pugio* a sinistra. L'elmo è un imperiale gallico di tipo "C". Il cane è un mastino macedone addestrato al combattimento e usato soprattutto durante la conquista della Britannia.
2) Centurione, metà I secolo d.C. Ispirato alla stele tombale di Marco Favonio Facile, giovane centurione della *Legio XX Valeria Victrix*, morto in Britannia. Le caratteristiche sono le stesse del centurione della Tav.B, tranne che per la *lorica hamata* indossata al posto di quella *squamata*.

▶ **Lastra con signum** pretoriano e vexillum, I secolo d.C., Musei Capitolini, Roma.
Stone with pretorian guard signum and vexillum, 1st century AD, Musei Capitolini, Rome.

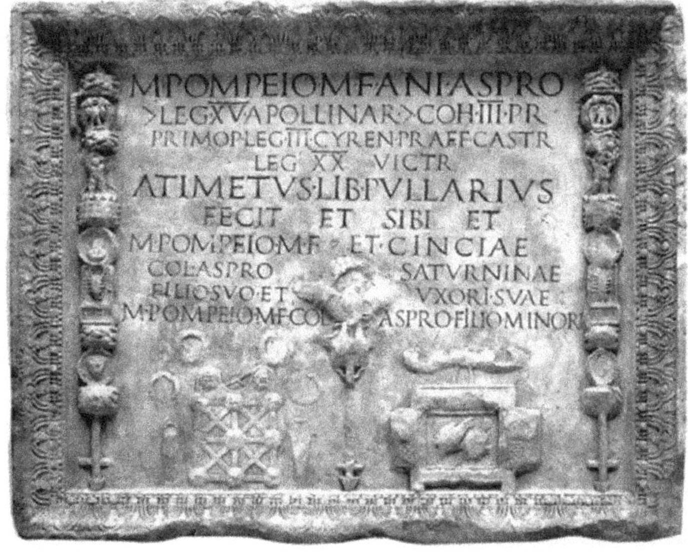

Table C: 1) Legionary with war-dog, middle of 1st Century AD. The miles wears an lorica hamata with pteryges and double cingulum, with gladio on his right hand and pugio on his left. The helmet is an imperial gallic type "C". The dog is a Macedonian mastiff drilled to the fighting and used mainly during the conquest of Britain.

2) Centurion, middle of 1st Century AD. Inspired to tombstone of Marco Favonio Facile, young centurion of the Legio XX Valeria Victrix, dead in Britain. He has the same characteristic of the centurion on the table B, except for the lorica hamata wears in state of that one squamata.

Tav. D: 1) Legionario in tenuta da fatica, I-II secolo d.C. La tenuta da fatica era identica a quella di servizio, ma era priva dell'armatura. Probabilmente i legionari erano vestiti sempre così tranne che durante i combattimenti.

2) Legionario con groma, I secolo d.C. La *groma* era uno strumento di misurazione usato dal *mensor* per tracciare sul terreno allineamenti tra loro ortogonali necessari alla costruzione di edifici, strade e mura e al calcolo delle superfici.

Table D: 1) legionary in fatigue dress, 1st to 2nd Century AD. The fatigue dress was the same of that one on duty, but it hadn't the armour. In all probability the legionaries were always dressed in this way, except during the fighting.

2) legionary with groma, 1st Century AD. The groma was a measurement instrument used by the mensor to trace orthogonal alignment necessary to the construction of buildings, roads and walls and also for the calculation of the surfaces.

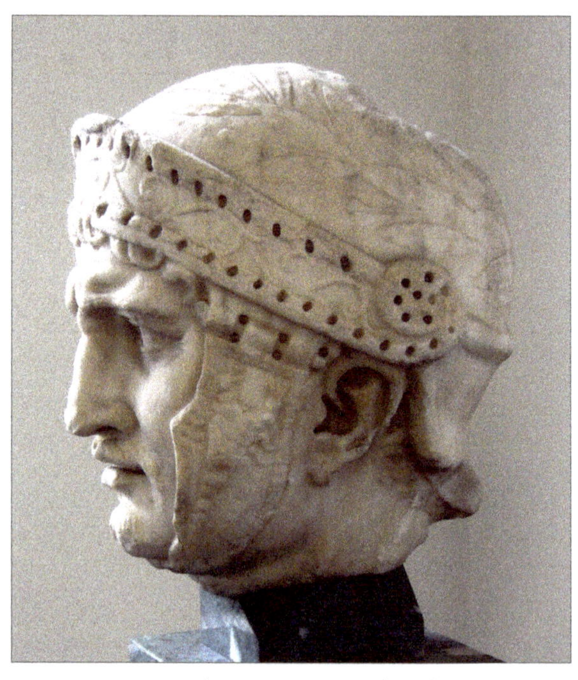

▲ **Testa in marmo di pretoriano** con elmo di tipo attico, I sec. d.C., Pergamon Museum, Berlino.

Stone head of pretorian guard with attic style helmet, 1st century AD, Pergamon Museum, Berlin.

TAV. E: 1 e 2) Guardie pretoriane, seconda metà del I secolo d.C. I due pretoriani sono ispirati ai rilievi tratti dal Palazzo della Cancelleria di Roma, ora al museo del Louvre, Parigi. La tenuta è probabilmente quella portata quando erano di guarnigione a Roma, con elmo di tipo attico, un *subarmalis* al posto della *lorica* e scudi di varia foggia, decorati con lo scorpione o con stelle e ali.

3) Pretoriano, principato di Domiziano, fine I secolo d.C. In tenuta di marcia i pretoriani erano del tutto simili ai legionari, tranne che per lo scudo e, forse, per il colore bianco delle creste e del *focalis*.

Table E: 1 and 2) Pretorian Guards, second half of 1st Century AD. The two pretorians are inspired by relief of Cancelleria Palace in Rome, now they are in Louvre Museum in Paris. The dress is probably the same that they wore when they were garrison in Rome, with attic helmet, a subarmalis instead of lorica and various manner shields, decorated with the scorpion or with stars and wings.

3) Pretorian Guard, Reign of Domitian, end of 1st Century AD. When the pretorians, wore duty dress, they looked like legionaries, except for the shield and, maybe, fore the white colour of the crest and the focalis.

TAV. F: Teutoburgo, 9 d.C. Ultima difesa dell'aquila della Legio XVIII, massacrata nella selva di Teutoburgo. Un legionario **(fig. 1)**, un aquilifero **(fig. 2)** e un signifero **(fig. 3)**, proteggono il corpo del centurione Marco Celio **(fig. 4)**, caduto nell'imboscata, come narrato nella sua lastra tombale trovata a Xanten.

Table F: Teutobourg, 9 AD. Last defence of the eagle by legio XVIII, massacred in Teutoburg' forest. A legionary (fig.1), an aquilifer (fig.2) and a signifier (fig. 3), protect the body of centurion Marco Celio (fig.4), fell into the ambush; the facts was told on his tombstone found in Xanten.

TAV. G: 1) Aquilifero, metà I secolo d.C. Ispirato alla lastra tombale di Lucio Sertorio Firmo, aquilifero della Legio XI Claudia Pia Fidelis, da Verona. Sopra l'armatura completa, composta da una *lorica squamata*, indossa la *paenula*, mantello militare rotondo con cappuccio.

2) Legionario in tenuta invernale, fine I secolo d.C., con *paenula* e *lorica segmentata*. Indossa un elmo imperiale italico di tipo "G". Lo *scutum* è inserito nella sua fodera, su cui è cucito il numero della legione.

Table G: 1) Aquilifer, middle of 1st Century AD. Inspired to Lucio Sertorio Firmo's tombstone, aquilifer of Legio XI Claudia Pia Fidelis, from Verona. Over full armour, composed of a lorica squamata, he wears the paenula, military rounded hooded cloak. 2) Legionary in winter dress, end of 1st Century AD. He wears a imperial italic helmet type "G". the scutum is in its cover, on it is sewed the legion number.

TAV. H: 1) Draconarius in tenuta da *Hippica gymnasia*, fine primo secolo d.C. Il *draco* era una insegna costituita da una testa di drago in bronzo e una coda di stoffa variopinta bucata (tipo manica a vento). Di derivazione dacica e sarmata, fu introdotta nell'esercito romano come insegna per la cavalleria. La maschera facciale argentata è ispirata al reperto rinvenuto a Aintab, in Siria, mentre l'elmo è quello ritrovato a Newstead.
2) Signifero, metà I secolo d.C. Dalla stele funeraria di Quinto Lucio Fausto, signifero della *Legio XIIII Gemina Martia Victrix*, da Mainz. La *lorica* è del tipo squamato e la maschera facciale viene da Ribchester. Il *parma* è il piccolo scudo rotondo caratteristico dei porta insegne.

Table H: 1) Draconarius, Hippica Gymnasia, end of 1st Century AD. Draco was a standard formed by a bronze dragon head with a coloured cloth tail, taking from the standard used by Sarmatian and Dacian warriors. Draco was used in the Roman Army like cavalry's standard. Facial silvered mask was found in Aintab, Siria. The helmet is found in Newstead.
2) Signifer, middle of 1st Century AD. From the tombstone of Quinto Lucio Fausto, signifer of the Legio XIII Gemina Martia Victrix, in Mainz. He wears a lorica squamata and a face mask from Ribchester. The little round shield of the standard bearer was called parma.

TAV. I: Eques Praetorianus, prima Guerra dacica, 101-102 d.C. La guardia del corpo dell'imperatore Traiano era composta da cavalieri Celti o Germani. La figura è ispirata alle metope della Colonna Traiana, e ai rilievi di Traiano sull'Arco di Costantino, a Roma. L'armatura è una *lorica squamata* del tipo corto, per permettere di montare a cavallo, mentre lo scudo esagonale è di derivazione celtico-germanica. L'elmo, sormontato da due rose in rame e da due piume argentite, è di tipo attico.

Table I: Eques Praetorianus, first Dacian war, 101-102 AD. The bodyguard of emperor Trajan consisted of Celtic and German cavalrymen. The figure is taken from the reliefs of Trajan's Column and the reliefs of Trajan on the Arch of Constantine, in Rome. The armour is a lorica squamata of short type. The warrior holds a hexagonal scutum of Celtic-German origin. He wears a helmet (cassis) of Attic shape, of copper-alloy engraved in gold and silver.

TAV. K: 1 e 2) Legionari, inizio II secolo d.C. Il legionario a sinistra indossa una lorica squamata Corbridge tipo "B" e un elmo imperiale italico tipo "G", rinforzato da una crociera in ferro sulla calotta. I pantaloni sono del modello lungo sotto il ginocchio, in voga all'epoca. L'altro legionario indossa la tenuta invernale, con pantaloni lunghi, tunica a maniche lunghe, scarpe chiuse e mantello, *sagum*. L'elmo è un imperiale gallico senza la crociera di rinforzo.

Table K: 1 and 2) Legionaries, early 2nd Century AD. The legionary on the left wears a lorica squamata of Corbridge type "B" and an imperial italic helmet of type "G", reinforced with an iron cross over the cap. Long trousers under the knees were used during that time. The other legionary wears the winter dress with long trousers and long sleeves tunic, boots and mantel, sagum. The helmet is an imperial gallic type without reinforced cross.

TAV. L: 1) Catafratto, II secolo d.C. Traiano, durante le campagne di Dacia, impiegò alcuni reparti di cavalleria ausiliaria armati pesantemente, probabilmente originari della Parthia. La colonna Traiana ne raffigura diversi, uomo e cavallo completamente protetti da scaglie e lamelle metalliche.

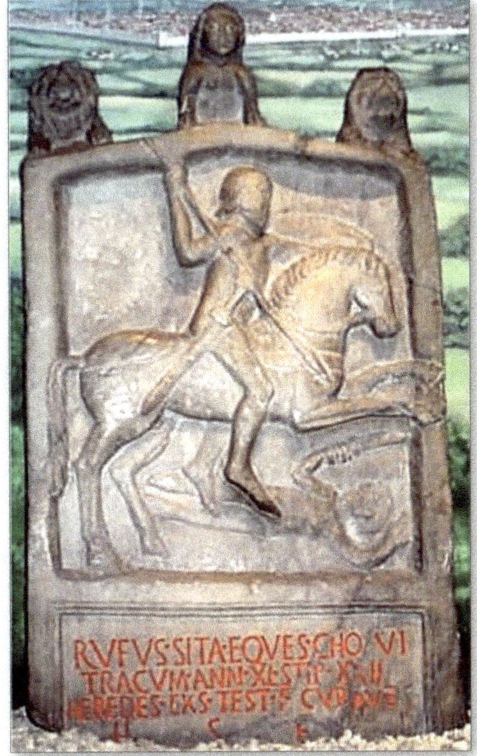

▲ **Lastra tombale di Rufus Sita,** eques Cohors VI Thracum Quingenaria Equitata, I secolo d.C., Gloucester, Inghilterra.

Tombstone of Rufus Sita, eques of Cohors VI Thracum Quingenaria Equitata, 1st century AD, Gloucester, Inghilterra.

2) Arciere siriaco, I-II secolo d.C. Arciere appartenente a un *auxilia* di Siriaci, con la veste lunga e l'elmo di fanteria ausiliaria di tipo "D". L'arco è di tipo composito.

Table L: Cataphract, 2nd Century AD. Trajan, during dacian wars used some cavalry units heavy armoured, originally from Parthia. On Trajan's Column there are many of them, man and horse completely protected by lamellar and scale armour.
2) Sirian archer, 1st to 2nd Century AD. The bowman is a Sirian auxiliary, with a long dress and an auxiliary infantry helmet of type "D". The bow is a compound type.

TAV. M: 1) Cornicen, I-II secolo d.C. Il *cornicen* suonava il *cornu*, strumento a fiato che serviva anche a trasmettere gli ordini alle truppe mediante note musicali predeterminate. Come tutti i musicanti e i signiferi, indossa a mo' di mantello una pelliccia, in questo caso di lupo.
2) Legionario in tenuta invernale, metà II secolo d.C. L'inverno sui confini settentrionali della Britannia, del Reno e del Danubio, poteva essere molto rigido: da qui l'uso di proteggersi con indumenti locali, come pellicce e lana grezza. L'elmo è un imperiale gallico di tipo "F" con crociera.

Table M: 1) Cornicen, 1st to 2nd Century AD. The cornicen played the cornu, a wind instrument, used to communicate orders to the soldiers . The musicians, like the signifers, wear an animal fur instead of the mantel. The figure wear a wolf's fur.
2) Legionary in winter dress, middle of 2nd Century AD. The winter on Britains, Rhine and Donau limes was very cold: many legionaries used local clothes, like fur and raw wool. The helmet is an imperial gallic type "F".

TAV. N: 1) Ballista con artigliere, II secolo d.C. La ballista era una enorme macchina d'assedio adatta a lanciare pietre o frecce per abbattere mura. Gli artiglieri romani erano vestiti come il resto dei legionari, ma, sicuramente, mentre montavano le macchine da guerra e le mettevano in funzione, si liberavano di indumenti ingombranti come corazza, elmo e scudo.
2) Legionario in tenuta di servizio con mantello, II secolo d.C. Il *miles* indossa la *paenula* direttamente sopra la tunica ed è senza elmo; le caratteristiche del viso e della pettinatura sono ispirati ai ritratti funebri di Fayum, Egitto, che raffigurano alcuni legionari del periodo di Traiano e Adriano.

Table N: 1) Ballista with artilleryman, 2nd Century AD. The ballista was a great siege machine used to throw stones or arrows to demolish a wall. Roman artillerymen dressed like the other legionaries, but probably when they used the war machines didn't wear the lorica, the helmet and the shield.
2) Legionary in service dress, 2nd Century AD. The miles is without helmet and wears paenula over the tunic; face and hairdressing are taken from the Fayum' portraits, Egypt, that represent some legionaries of Trajan and Hadrian age.

TAV. O: 1) Tribuno militare, II secolo d.C. Il tribuno indossa la tenuta classica che lo caratterizza nei primi due secoli del Principato: corazza anatomica in cuoio o in bronzo con *pteryges* lunghe a protezione di gambe e braccia. Elmo di tipo imperiale gallico con cresta.
2) L'imperatore Adriano, 117-138 d.C. Adriano è vestito come un alto ufficiale, legato o proconsole, con una corazza anatomica in bronzo scolpito, con rilievi e decori argentati. Le *pteryges* in cuoio o lino bianco sono abbellite con frange dorate.

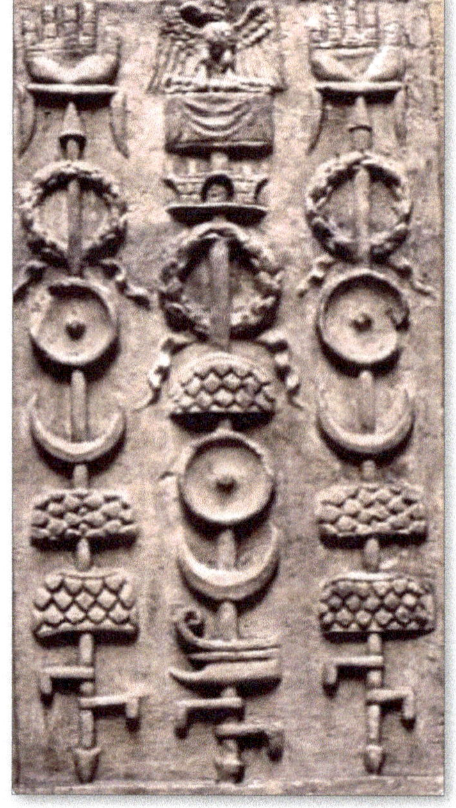

▲ **Bassorilievo con insegne di fanteria, signa, I secolo d.C.**, Chiesa di S. Marcello al Corso, Roma.
Reliefs of infantry standards, signa, 1st century AD, Church of S. Marcello al Corso, Rome.

► **Lastra con signum pretoriano e vexillum,** I secolo d.C., Musei Capitolini, Roma.
Stone with pretorian guard signum and vexillum, 1st century AD, Musei Capitolini, Rome.

► **Lastra tombale di miles sconosciuto, I secolo d.C.,** da Magonza, Landesmuseum Mainz, Germania.
Tombstone of unknown miles, 1st century AD, from Mainz, Landesmuseum Mainz,Germany.

*Table O: 1) Military tribune, 2nd Century AD.
The tribune wears the classic dress of the two first
centuries of the reign: anatomical cuirass in leather
or bronze with long pteryges to protect legs and arms.
The helmet is an imperial gallic type with crest.
2) Emperor Hadrian, 117-138 AD. Hadrian is dressed like an
high officer, legatus or proconsul, with an anatomical cuirass
in decorated bronze. The peteryges are in leather or linen with
golden fringes.*

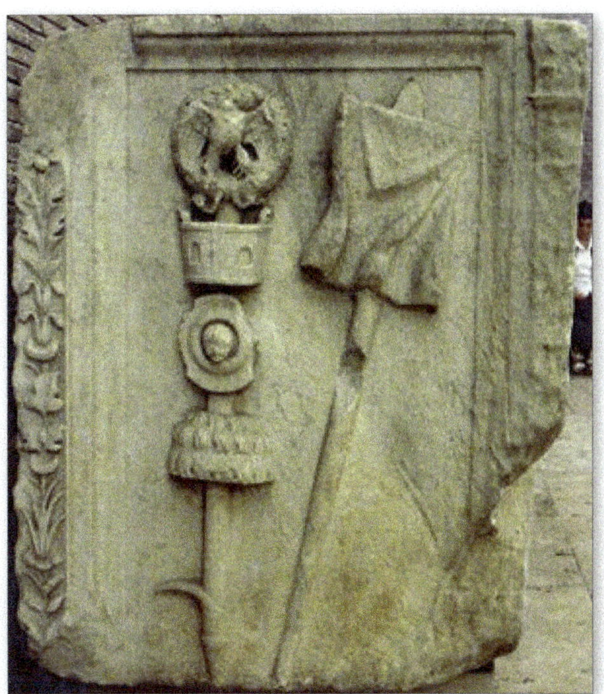

**TAV. P: 1) Legionario, fine II secolo, inizio III
secolo d.C.** Alcuni cambiamenti sono subentrati
nell'equipaggiamento del soldato romano: l'elmo
è un imperiale italico di tipo "H", mentre la *lorica
segmentata* è la Newstead; il *pilum* pesante è stato
sostituito dalla lancia e il gladio da una *spatha* corta
portata a sinistra e il cui fodero è appeso ad un balteo
di cuoio. Lo scudo è l'esemplare trovato a Dura
Europos, Siria.
**2) Decurione di cavalleria, fine II secolo, III secolo
d.C.** L'elmo è ispirato al modello della cavalleria
ausiliaria di tipo "H" trovato a Heddernheim. La
corazza è del tipo lamellare, rinforzata sul petto
da due piastre in bronzo decorato da Kastell Pfunz, stessa
provenienza dei due schinieri. Lo scudo, del tipo grande ovale,
viene anch'esso da Dura Europos.

*Table P: 1) Legionary, end of 2nd to 3rd Century AD. The legionary
wears an imperial italic helmet of type "H" and the lorica segmentata
of Newstead type. Instead of pilum and gladius the legionary has a
lance and a sword, spatha; the scabbard is hanged at a leather belt,
balteum. The shield, scutum, was found in Dura Europos, Syria.
2) Cavalry Decurion, end of 2nd to 3rd Century AD. The helmet is
the auxiliary cavalry type "H" found in Heddernheim. The cuirass is
a lorica plumata reinforced on the breast with two bronze decorated
plates, found, like two greaves, in Kastell Pfunz. The great oval shield
was found in Dura Europos, Syria.*

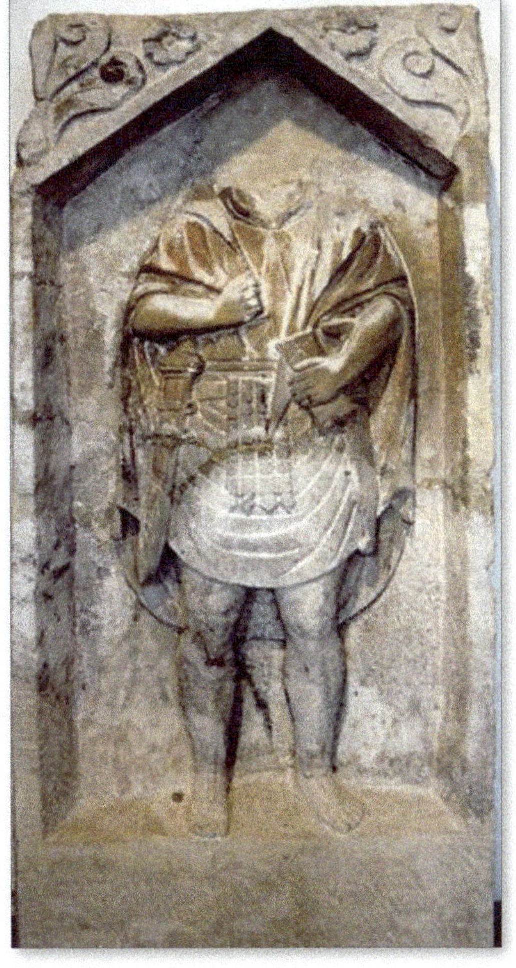

TAV. Q: Scudi di fanteria e di cavalleria, I-II secolo d.C. gli
scudi 1,2,3 e 6 sono di fanteria legionaria, tratti dalla Colonna
Traiana (2,3 e 6) e da una scultura del periodo di Marco
Aurelio (1).
Il 4 e il 5 sono scudi di guardie pretoriane, mentre il 9
appartiene a un signifero sempre dei pretoriani. Il 7 e il 10,
sono *parma* di porta insegne, l'8 è uno scudo di cavalleria
ausiliaria.

*Table Q: Infantry e cavalry shield, 1st to 2nd Century AD. The
shields 1,2,3 and 6 are legionary shields, taken from Trajan's Column
(2,3,and 6)and from a relief of Marcus Aurelius age (1).
4 and 5 are praetorian guard shields. 9 belong to a praetorian signifier.
7 and 10 are parma, little round shields, of standard bearers. 8 is a
auxiliary cavalry shield.*

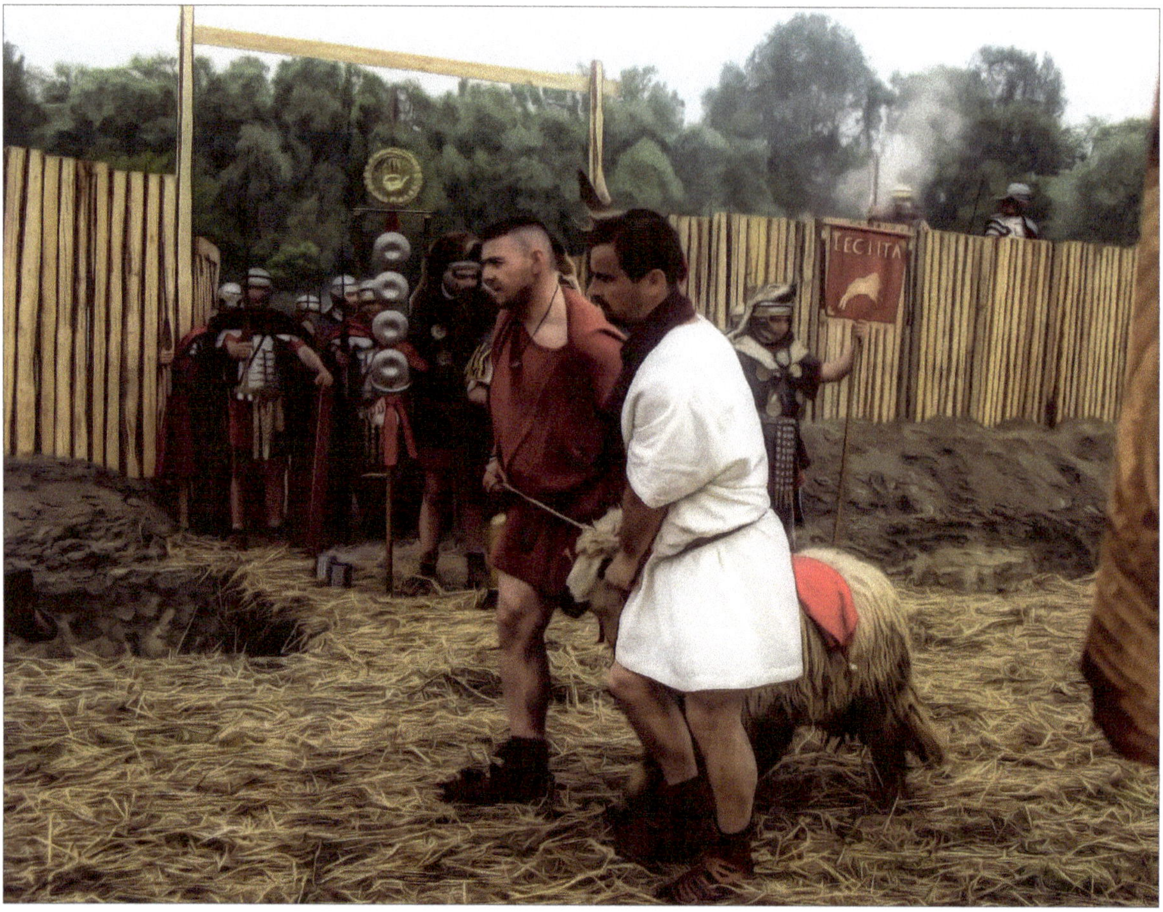

▲ **"Suovetaurilio"**, cerimonia sacrificale di un animale, in questo caso un ariete, I-II secolo d.C., gruppo di ricostruzione Associazione Culturale Legio I Italica di Villadose (Rovigo).
"Suovetaurilio", sacrificial cerimony with ram, 1st to 2nd century AD, Associazione Culturale Legio I Italica reenactors group of Villadose

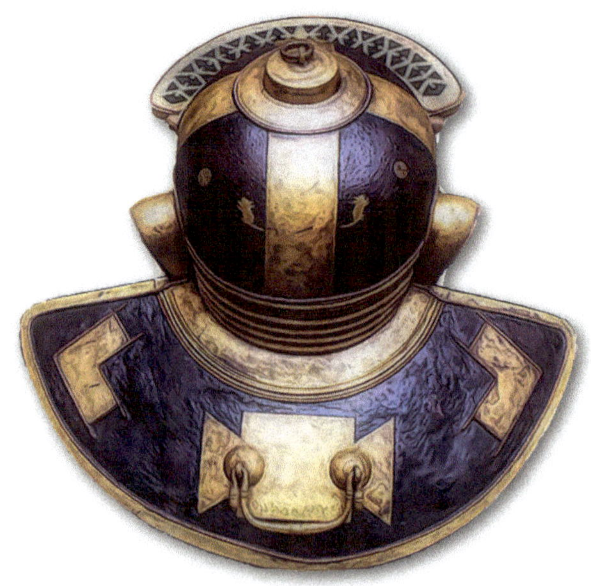

BASI MILITARI ROMANE

Aelia Capitolina	Gerusalemme, Israele
Albanum (Castra Albana)	Albano Laziale, Italia
Aliso	Oberaden, Germania
Antiochea	Antioch, Siria
Antiochia	Antakya, Turchia
Apamea	Rhesana, Siria
Apulum	Alba Iulia, Romania
Aquincum	Budapest, Ungheria
Ara Ubiorum	Colonia, Germania
Argentorate	Strasburgo, Francia
Asturica Augusta	Astorga, Spagna
Augusta Vindelicum	Augsburg, Germania
Babylon	Il Cairo, Egitto
Berzobis	Resita, Romania
Bonna	Bonn, Germania
Bostra Nova Traiana	Bosra, Siria
Brigetio	Szony, Ungheria
Burnum	Kistanje, Croazia
Calleva Atrebatum	Silchester, (GB)
Camulodunum	Colchester, Inghilterra
Caparcotna	Kefar Otnay, Israele
Carnuntum	Petronell, Austria
Castra Regina	Regensburg, Germania
Constantina	Viransehir, Turchia
Cyrrhus	Kuros, Siria
Danaba	Damasco, Siria
Deva	Chester, Inghilterra
Durosturum	Silistra, Bulgaria
Eburacum	York, Inghilterra
Emona	Lubiana, Austria
Fectio	Vechten, Olanda
Glevum	Gloucester, Inghilterra
Isca Dumnoniourum	Exeter, Inghilterra
Isca Silurum	Caerlon, Inghilterra
Lactodurum	Towchester, Inghilterra
Lambaesis	Lambese Algeria
Laodicea	Latakia, Siria
Lauriacum	Enns-Lorch, Austria
Legio	Leon, Spagna
Lindum	Lincoln
Locica	Locica, Slovenia
Melitene	Malataya, Turchia
Mogontiacum	Mainz, Germania
Naissus	Nis, Serbia
Novae	Svistov, Bulgaria
Novaesium	Neuss, Germania
Novimagus Regnorum	Chichester, Inghilterra
Noviomagus	Nijmegen, Olanda
Oescus	Gigen, Bulgaria
Oresa	Tayibeh, Siria
Paetavonium	Rosinos de Vidrialis, Sp.
Pisoraca	Herrera de Pisuerga, Sp.
Poetovio	Ptuj, Slovenia
Potaissa	Turda, Romania
Raphanea	Rafnyeh, Siria
Ratiaria	Archar, Bulgaria
Samosata	Samsat, Turchia
Satala	Kelkit, Turchia
Singara	Balad Sinjar, Iraq
Singidunum	Belgrado, Serbia
Siscia	Sisak, Slovenia
Sura	Souriya, Siria
Thebae	Tebe, Egitto
Theveste	Tebessa, Algeria
Tilurium	Gardun, Croazia
Tresmis	Iglitza, Romania
Ulpia Traiana	Varhely, Romania
Vetera	Xanten, Germania
Viminacium	Kostolac, Serbia
Vindobona	Vienna, Austria
Vindonissa	Windish, Svizzera
Viroconium Cornovorium	Wroxeter, Inghilterra
Zeugma	Belkis, Siria

GLOSSARIO MILITARE

Acceptus: fante leggero della legione manipolare
Acies: fila, schiera, ordinamento di battaglia
Adiutor: assistente, aiutante
Adlocutio: discorso formale alle truppe
Aedes: santuario del campo dove erano conservate le insegne
Aerarium: tesoro, cassa militare
Ala: corpo di fanteria alleato equivalente ad una legione o reparto di cavalleria
Antepilanus: soldato schierato davanti al vessillo nella legione manipolare
Antesignanus: soldato schierato davanti alle insegne
Aquilifer: portatore dell'insegna con l'aquila nella legione
Architectus: tecnico o costruttore, in genere di macchine da lancio
Armamentarium: arsenale, ufficio adibito a deposito
Armilla: bracciale conferito come decorazione militare
Aspis: scudo
Auxilia: truppe ausiliarie
Ballista: macchina da lancio
Ballistarius: soldato addetto alle macchine da lancio
Balteus: cintura che sorregge il fodero della spada
Beneficium: promozione o ricompensa
Beneficiarius: soldato con incarichi speciali, esente dai servizi comuni della truppa
Bracae: calzoni
Bucinator: trombettiere, suonatore di bucina
Burgus: piccolo castello, torre di osservazione
Calceus: calzatura a forma di stivale tipica degli ufficiali di alto grado
Caliga: calzatura militare tipica del legionario
Campus: terreno per le parate e le esercitazioni militari
Carroballista: macchina da lancio montata su carro
Cassis: elmetto
Castellum: avamposto o piccolo presidio
Castigatio: punizione corporale
Castra: accampamento; c. *aestiva*, campo estivo; *c.hibernia*, campo invernale
Castra praetoria: accampamenti o caserma della guardia pretoriana
Castra stativa: campo permanente
Cataphractus: cavaliere o fante corazzato
Centuria: reparto costituito da 80 a 100 uomini comandato da un centurione
Centurio: centurione *prior* al comando della prima centuria del manipolo
e del manipolo stesso; *posterior* al comando della seconda centuria
Cetra: piccolo scudo di origine iberica
Cingulum: cintura militare
Clamor: grido di guerra
Classiarius: marinaio o fante di marina
Classis: flotta o , nella riforma serviana, le classi in cui si dividevano i cittadini che
servivano nell'esercito
Clavicula: sbarramento all'ingresso del campo
Clipeus: scudo rotondo di tipo oplitico, corrispondente all'*hoplon* greco
Cohors: unità di fanteria legionaria composta da sei centurie
Cohors equitata: unità ausiliaria mista di fanteria e cavalleria
Contarius: cavaliere pesante armato di lancia a due mani, *contus*
Contubernium: tenda o unità base della centuria composta di otto uomini
Cornicen: suonatore di *cornu*
Corona aurea: decorazione al valore
Cuneus: formazione di attacco di fanteria o unità di cavalleria
Curator: soldato o ufficiale con incarichi speciali
Decanus: caposquadra del *contubernium*
Decimatio: punizione collettiva consistente nella decimazione
Decurio: ufficiale di cavalleria comandante una *decuria* (10 uomini) o una *turma* (30 uomini)
Defector: disertore

Diarium: razione di vitto giornaliera

Dictator: magistrato che a Roma, in situazioni di emergenza, prendeva tutto il potere nelle proprie mani per sei mesi

Diploma: congedo

Doctor armorum: istruttore all'uso delle armi

Duplicarius: soldato con incarichi speciali che prendeva una doppia paga

Emeritus: veterano che ha concluso il periodo di servizio

Eques: cavaliere; *e.singularis*: cavaliere scelto o guardia del corpo

Evocatus: veterano richiamato in servizio

Excubitus: sentinella

Expeditio: campagna o spedizione militare

Expeditus: soldato con equipaggiamento leggero pronto al combattimento

Explorator: esploratore

Faber: soldato specialista, costruttore

Fabrica:officina

Fasciae: bende per proteggere piedi e gambe

Femoralia: pantaloni corti sotto il ginocchio

Flamen: sacerdote

Focale: fascia o sciarpa da collo

Foederatus: alleato

Forum: luogo di ritrovo dei legionari all'aperto

Frumentarius: soldato addetto all'approvvigionamento del grano o agente del servizio
 Informazioni militare

Funditor: fromboliere

Furca: bastone a forma di T cui si appendeva il bagaglio del legionario durante la marcia

Gaesum: giavellotto di origine celtica

Galea: elmo leggero

Gladius: spada corta della fanteria romana

Glans: proiettile di piombo o di argilla lanciato dai frombolieri

Gregarius: soldato semplice

Groma: strumento topografico usato per il tracciamento dei campi e delle strade

Hasta: lancia, giavellotto

Hastatus: astato, fante della prima linea della legione manipolare

Imaginifer: portatore di *imago*, busto con immagine dell'imperatore

Immunis: soldato esentato dai normali servizi

Impedimenta: bagagli

Impetus: assalto

Insigna: insegna di grado

Intervallum: spazio compreso tra la palizzata e gli acquartieramenti all'interno di un campo

Iter: marcia, tappa

Lancea: lancia, picca

Later: mattone

Lectus: soldato scelto

Legatus: luogotenente; *legatus legionis*: comandante della legione

Legio: legione, originariamente intesa come leva di uomini alle armi

Limes: strada di confine, frontiera fortificata

Linothorax: corazza di lino

Lorica: corazza; l. *hamata*: cotta di maglia; l. *plumata o squamata*: armatura di scaglie
 metalliche; l. *segmentata*: armatura a fasce metalliche

Machaira: spada greca

Magister equitum: comandante della cavalleria

Manipulus: reparto composta da due centurie

Manuballista: macchina da lancio portatile

Mensor: misuratore, topografo

Miles: soldato

Missilis: proiettile, arma da getto

Munifex: soldato ordinario, senza esenzione dai servizi

Munus: munus, obbligo, servizio

Musculus: macchina da assedio

Notarius: segretario, assistente

Numerus: unità di cavalleria

Ocrea: schiniere, gambale
Onager: catapulta, macchina da guerra per il lancio delle pietre
Oppidum: fortezza celtica, città fortificata
Optio: aiutante del centurione e secondo in comando nella centuria
Paenula: mantello rotondo con cappuccio
Pallium: mantello di origine greca
Paludamentum: mantello usato da ufficiali superiori e generali
Parma: piccolo scudo rotondo portato dai signiferi
Parma equestris: scudo da cavalleria
Pectorale: piastra di protezione pettorale in bronzo o in ferro
Phalera: piastra rotonda o a forma di mezzaluna usata come decorazione
Pilum: giavellotto pesante da assalto
Pilus: vessillo dei *Triarii* nella legione manipolare
Praefectus: comandante; *alae, equitum*, di cavalleria; *castrorum*, responsabile del campo
Praefectus praetorio: comandante della guardia pretoriana
Praetorianus: soldato della guardia pretoriana
Primus pilus: centurione comandante della prima centuria della legione
Princeps: principe, fante della seconda linea della legione manipolare
Principalis: soldato con compiti speciali con paga maggiorata
Principia: quartier generale
Pteryges: strisce di cuoio o di lino a protezione dei fianchi e delle braccia
Pugio: pugnale, daga
Quaestor: quartiermastro
Rudis: spada di legno da esercitazione
Sacellum: aerea consacrata in cui dovevano essere custodite le insegne
Sacramentum: giuramento militare di fedeltà all'imperatore
Sagittarius: arciere
Sagum: mantello militare di forma rettangolare
Schola: corporazione, circolo militare
Scorpio: scorpione, macchina da guerra per lancio di frecce e giavellotti
Scutum: grande scudo oblungo della fanteria legionaria
Signatus: soldato abile ed arruolato
Signifer: portatore di insegna, *signum*
Socii: alleati
Spatha: spada lunga da cavalleria
Speculator: esploratore, spia
Stator: soldato con compiti di polizia
Stipendium: paga del soldato
Syntèmata: parola d'ordine
Tabula ansata: targa con nome della legione riportata su scudi ed insegne
Tabernaculum: tenda riservata ad alti ufficiali
Tessera: tavoletta di legno su cui era incisa la parola d'ordine
Tesserarius: soldato scelto incaricato di passare la parola d'ordine
Testudo: formazione a testuggine con scudi a protezione della testa e dei fianchi
Tiro: recluta
Tirocinium: primo incarico o servizio della recluta
Tormentum: macchina da guerra a torsione
Torquis: decorazione militare costituita da una collana celtica
Triarius: triario, fante della terza linea della legione manipolare
Tribunus militum: ufficiale di grado superiore al comando di una coorte
Tubicem: suonatore di tromba, tuba
Turma: squadrone di cavalleria
Umbo: umbone, rinforzo centrale dello scudo, in bronzo o in ferro
Vagina: fodero della spada
Vallum: muro, palizzata
Veles: velita, fante leggero della legione repubblicana
Veteranus: soldato che ha terminato il servizio
Vexillarius: portastendardo di cavalleria
Vexillifer: portatore di insegna , *vexillum*
Vitis: bastone di vite del centurione.

BIBLIOGRAFIA - BIBLIOGRAPHY

La bibliografia sull'esercito Romano è immensa. Qui sono citati solo i testi di carattere militare più facilmente reperibili in commercio e le fonti più conosciute.

FONTI CLASSICHE:

Appiano *Le guerre civili Le guerre mitridatiche la guerra illirica.*
Cassio Dione *Storia Romana.*
Flavio Giuseppe *Guerra giudaica.*
Giulio Cesare *La guerra gallica La guerra civile.*
Plutarco *Vite Parallele.*
Polibio *Storie.*
Svetonio *Vita dei Cesari.*
Tito Livio *Storia di Roma.*

FONTI MODERNE:

Alexandra A., Gilbert F., *Légionnaires Auxiliaires et fédérés sous le Bas-Empire Romain* Editions Errance 2009.
Antonucci C., *L'Esercito di Cesare 54-44 a.C.*, EMI serie "Victor",2, 1996.
Barbero A., *9 agosto il giorno dei barbari* Editori Laterza 2005.
Barbero A., *Barbari. Immigrati profughi deportati nell'impero romano* Editori Laterza 2006.
Barker P., Heath,I., *The Armies and Enemies of Imperial Rome* A Wargames Research Group Publication 1981.
Bishop M.C., Coulstone C.N., *Roman Military Equipment* Batsford Book, 1993.
Boss R., Chapman R., & Garriock,P., *Justinian's Wars* Montvert Publications 1993.
Brizzi G., *Il guerriero l'oplita il legionario gli eserciti nel mondo classico* Il Mulino 2002.
Brizzi G., *Storia di Roma: dalle origini ad Azio* Patron 1997.
Brzezinski R. & Mielczarek,M., Embleton G., *The Sarmatians 600 BC-AD 450*, Osprey MAA 373, 2002.
Campbell D.C., Delf,B., *Greek and Roman Artillery 399 BC-AD 363*, Osprey New Vanguard 89, 2003.
Campbell D.C., Delf,B., *Greek and Roman Siege Machinery 399 BC-AD 363*, Osprey New Vanguard 78, 2003.
Campbell D.C., Hook,A. *Siege Warfare in the Roman World*, Osprey Elite 126, 2005.
Cascarino G., *L'Esercito Romano armamento ed organizzazione Vol. I II* Il Cerchio 2007, 2008.
Cascarino G., Sansilvestri C., *L'Esercito Romano armamento ed organizzazione Vol. III* Il Cerchio 2009.
Cascarino G., *Castra campi e fortezze dell'esercito romano* Il Cerchio 2010.
Cascarino G., a cura di *Strategikon* di Maurizio Imperatore Il Cerchio 2006.
Connolly P., *The Legionary* Oxford University Press 1988.
Connolly P., *The Cavalryman* Oxford University Press 1988.
Connolly P., *The Roman Fort* Oxford University Press 1991.
Connoly P., *Greece and Rome at War* Mac Donald Phoebus ltd, 1981.
Connoly P., *The Roman Army* Macdonald Educational Ltd, 1975.
Cowan R., McBride A., *Roman Legionary 58 BC- AD 69*, Osprey Warrior 71, 2003.
Cowan R., McBride A., *Imperial Roman Legionary AD 161-284"*, Osprey Warrior 72, 2003.
D'Amato R., Albertini G., *The Eastern Romans 330-1461 AD*, Concord Publications Company 2007.
D'Amato R., Sumner G., *Arms and Armour of the Imperial Roman Soldier from Marius to Commodus 112BC-AD 192*, Frontline Books 2009.
D'Amato R., Sumner G., *Imperial Roman Naval Forces 31 BC-AD 500*, Osprey MAA 451, 2009.
D'Amato R., Sumner G., *Roman Military Clothing (3), AD 400-640*, Osprey MAA 425, 2005.
Dando-Collins,S., *Legions of Rome*, Quercus, 2010
Dando-Collins,S., *Nero's killing machine*, Wiley & Sons, 2005
Di Dario B.M., *La Notitia Dignitatum*, Edizioni di Ar 2006.

Elliott,P., *The last legionary*, Spellmount, 2007

Embleton R., Graham,F., *Hadrian's Wall in the days of the Romans* Frank Graham, 1984.

Fields N., Hook A., *Roman Auxiliary Cavalryman Ad 14-193*, Osprey Warrior 101, 2006.

Fields N., Spedaliere D., *Hadrian's Wall AD 122-410*, Osprey Fortress 2, 2003.

Frediani A., Albertini G., *L'ultima battaglia dell'Impero Romano* Newton & Compton 2010.

Frediani A., *Gli assedi di Roma* Newton & Compton Editori 1997.

Frediani A., *Gli ultimi condottieri di Roma* Newton & Compton Editori 2001.

Frediani A., *I grandi generali di Roma antica* Newton & Compton Editori 2003.

Frediani A., *Le grandi battaglie di Giulio Cesare* Newton & Compton Editori 2003.

Frediani A., *Le grandi battaglie Roma antica* Newton & Compton Editori 2002.

Gilbert F., *Légionnaires et Auxiliaires sous le Haut-Empire Roman* Editions Errance 2006.

Goldsworthy A., *Storia Completa dell'Esercito Romano* Logos 2004.

Gonzalez J.R., *Historia de las Legiones Romanas* Almena ediciones 2003.

Head,D., Heath,I., *Armies of the Macedonian and Punic Wars 359 BC to 146 BC*, A W.RG.P. 1982.

Healy M., *Canne 216 A.C.*, Edizioni del Prado Osprey Publishing, 1999.

Heather P., *L'impero e i barbari* Garzanti 2010.

Heather P., *La caduta dell'impero romano una nuova storia* Garzanti 2006.

Junkelmann M., *Die Legionen des Augustus* Verlag Philipp von Zabern Mainz, 1986

Junkelmann M., *Die Reiter Roms teil I: Reise Jagd, Triumph und Circusrennen* Verlag Philipp von Zabern , 1990.

Junkelmann M., *Die Reiter Roms teil II: Der militarische Einsatz*, Verlag Philipp von Zabern Mainz, 1991.

Junkelmann M., *Die Reiter Roms teil III: Zubehor Reitweise Bewaffnung*, Verlag Philipp von Zabern , 1992.

Junkelmann M., *Reiter wie Statuen aus Erz*, Verlag Philipp von Zabern Mainz, 1996.

Le Bohec Y., *Armi e guerrieri di Roma Antica da Diocleziano alla caduta dell'impero* Carocci 2008.

Le Bohec Y., *L'Esercito Romano Le armi imperiali da Augusto a Caracalla* NIS 1992.

Liberati A.M., Silverio F., *Legio storia dei soldati di Roma* Rivista Militare 1992.

Liddell Hart B.H., *Scipione Africano* Le Monnier 1929.

Lucchetti,M., Cristini,L.S., *L'esercito romano da Romolo a re Artù, Vol.1: da Romolo all'avvento di Ottaviano, VIII sec. fine I sec. a.C.*, Soldiershop S&W 010, 2011.

Luttwak E.N., *La grande strategia dell'impero romano* Rizzoli 1981.

Luttwak,E.N., *La grande strategia dell'Impero bizantino*, RCS Libri, 2009

MacDowall S., *Adrianople AD 378*, Osprey Campaign 84, 2001.

MacDowall S., Embleton G., *Late Roman Cavalryman 236-565 AD*, Osprey Warriors 15, 1995.

MacDowall S., Embleton G., *Late Roman Infantryman 236-565 AD*, Osprey Warriors 9, 1994.

Mattesini S., *Gli Elmi delle Legioni Romani* Archeos 2001.

Mattesini S., *Le Legioni Romane l'armamento in mille anni di storia* Gremese Editore 2006.

Newark T., McBride A., *Ancient Celts* Concord Publications Company 1997.

Nicolle D., McBride A., *Arthur and the Anglo-Saxon Wars* Osprey MAA 154, 1984.

Nicolle D., McBride A., *Attila and the Nomads Hordes* Osprey Elite 30, 1990.

Nicolle D., McBride A., *Romano-Byzantine Armies 4th-9th centuries* Osprey MAA 247, 1992.

Nicolle D., McBride A., *Sassanian Armies* Montvert Publications 1996.

Peterson D., *I Legionari Romani* E. Albertelli ed. 1992.

Pitassi, M., *Le Flotte di Roma*, Libreria Editrice Goriziana, 2011

Polla M., *Imperium, origine e funzione del potere regale nella Roma arcaica* Il Cerchio 2001.

Rankov Dr.B., *The Praetorian Guard*, Osprey elite Series n. 50, 1994.

Robinson H.R., *The Armour of Imperial Rome* Charles Scribner's Sons 1975.

Robinson R., Embleton R., *The Armour of the Roman Legions* Frank Graham, 1983.

Rollin Carlo, *Storia antica e romana*, editore Galletti Firenze Ed. 1829.

Roma Archeologica *Sotto il segno dell'aquila itinerario 18-19*, Elio de Rosa editore 2003.

Russo F., Russo F., *Tormenta Navalia le artiglierie navali romane* Rivista Marittima 2007.

Russo F., *Sotto l'insegna dell'Aquila* Stato Maggiore dell'Esercito Ufficio Storico 2009.

Scarre C., *Historical Atlas of Ancient Rome* Penguin Books 1995.

Sekunda N., McBride A., *Republican Roman Army 200-104 BC*, Osprey MAA 291, 1996.

Sekunda N., McBride A., *The Ptolemaic Army 168-145 BC*, Montvert Publications 1994.

Sekunda N., McBride A., *The Seleucid Army 168-145 BC*, Montvert Publications 1994.

Sekunda N., Northwood,S., Hook,R., *Early Roman Armies* Osprey MAA 283, 1995.

Sheppard,S., Noon S., *Philippi 42 BC the death of the Roman Republic*, Osprey Campaign 199, 2008.

Simkins M., Embleton R., *The Roman Army from Caesar to Trajan* Osprey MAA 46, 1984.

Simkins M., Embleton R., *The Roman Army from Hadrian to Constantine* Osprey MAA 93, 1979.

Spinosa A., *La Grande Storia di Roma* Mondadori 1998.

Stephenson,I.P., Dixon K.R., *Roman Cavalry Equipment*, Tempus Publishing, 2003.

Stephenson,I.P., *Romano-Byzantine Infantry Equipment*, The History Press, 2006.

Stephenson.I.P., *Roman Infantry Equipment The Later Empire* Tempus Publishing Ltd. 1999.

Strassmeir A., Gagelmann A., *Das Heer des Arminius* Herre & Waffen 11, 2009.

Sumner G., *Roman Army Wars of the Empire* Brassey's Ltd., 1997.

Sumner G., *Roman Military Clothing (1), 100 BC- AD 200*, Osprey Men at Arms 374, 2002.

Sumner G., *Roman Military Clothing (2),AD 200-400*, Osprey Men at Arms 390, 2003.

Sumner G., *Roman Military Dress* The History Press 2009.

Toledo J.S., *Imperium Legionis* Andrea Press 2004.

Von Zabern P., *Romische Steindenkmaler Mainz in Romischer Zeit* Verlag Philipp von Zabern Mainz 1988.

Warry J., *Warfare in the classical World*, Salamandre Book, 1980.

Webber C., McBride A., *The Thracians 700 BC-AD 46*, Osprey MAA 360, 2001.

Wilcox P., Embleton G.A., *Rome's Enemies 1 Germanics and Dacians* Osprey MAA 129, 1982.

Wilcox P., McBride A., *Rome's Enemies 2 Gallic and British Celts* Osprey MAA 158, 1985.

Wilcox P., McBride A., *Rome's Enemies 3 Parthians and Sassanid Persians* Osprey MAA 175, 1986.

Wilcox P., McBride A., *Rome's Enemies 4 Spanish armies* Osprey MAA 180, 1986.

Wilcox P., McBride A., *Rome's Enemies 5 The Desert Frontier* Osprey MAA 243, 1991.

Windrow M., McBride A., *Imperial Rome at War* Concord Publications Company 1996.

Wise T., Hook R., *Armies of the Carthaginian Wars 265-146 BC*, Osprey MAA 121, 1982.

Wood,R., *A Roman Centurion*, Wayland, 1999.

Si consiglia la consultazione della rivista olandese in lingua inglese Ancient Warfare, specializzata in storia militare antica.

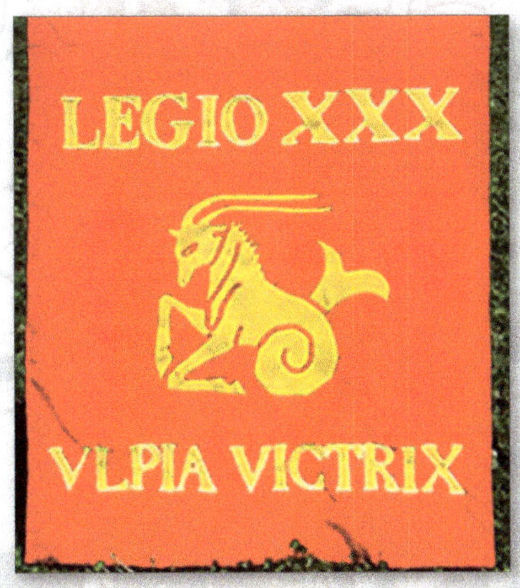

SOLDIERS&WEAPONS 011

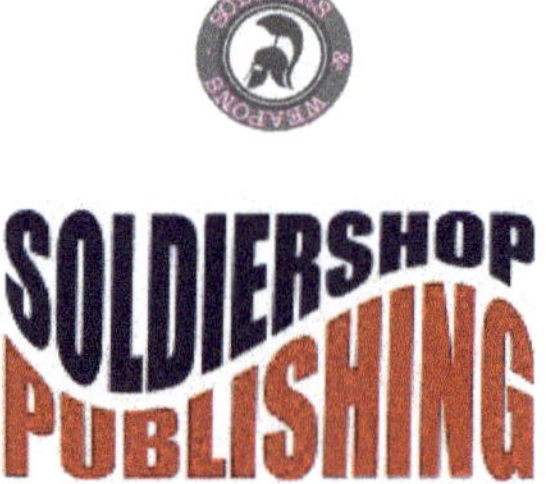

SOLDIERSHOP
PUBLISHING